核心素养导向的单元整体教学
小学语文

李敬卫　孙苗苗◎著

世界图书出版公司

图书在版编目（CIP）数据

核心素养导向的单元整体教学 . 小学语文 / 李敬卫，
孙苗苗著 . -- 北京：世界图书出版公司，2022.12
    ISBN 978-7-5232-0086-5

    Ⅰ . ①核… Ⅱ . ①李… ②孙… Ⅲ . ①小学语文课—
教学研究 Ⅳ . ① G623

    中国国家版本馆 CIP 数据核字 (2023) 第 012692 号

书　　　名	核心素养导向的单元整体教学 . 小学语文
（汉语拼音）	HEXIN SUYANG DAOXIANG DE DANYUAN ZHENGTI JIAOXUE. XIAOXUE YUWEN
著　　　者	李敬卫　孙苗苗
总　策　划	吴　迪
责 任 编 辑	滕伟喆
装 帧 设 计	周秀丽
出 版 发 行	世界图书出版公司长春有限公司
地　　　址	吉林省长春市春城大街 789 号
邮　　　编	130062
电　　　话	0431-86805551（发行）　　0431-86805562（编辑）
网　　　址	http://www.wpcdb.com.cn
邮　　　箱	DBSJ@163.com
经　　　销	各地新华书店
印　　　刷	河北品睿印刷有限公司
开　　　本	787 mm × 1092 mm　1/16
印　　　张	14.25
字　　　数	220 千字
印　　　数	1—3 000
版　　　次	2022 年 12 月第 1 版　　2022 年 12 月第 1 次印刷
国 际 书 号	ISBN 978-7-5232-0086-5
定　　　价	45.00 元

目 录

contents

第一章　核心素养导向的小学语文大单元教学设计理论研究 / 1

小学语文大单元教学设计之单元背景分析的意义和方法 / 1

小学语文大单元教学设计之单元组织中心提取方法及应用 / 8

小学语文大单元教学设计之单元目标研制的意义和方法 / 11

小学语文大单元教学设计之单元评价方案的设计与实施 / 15

第二章　核心素养导向的小学语文大单元教学设计 / 19

部编版小学语文二年级下册"改变"大单元教学设计 / 19

部编版小学语文三年级上学期"童话故事"大单元教学设计 /31

部编版小学语文四年级下册《小英雄雨来》逆向教学设计 /42

部编版小学语文五年级上册"民间故事"大单元教学设计 /49

"春晖情　寸草心"大单元整体教学设计 / 59

基于学习任务群的部编版小学语文六年级上册"走近鲁迅"
大单元教学设计 / 77

第三章　核心素养导向的小学语文大单元教学实践与反思 / 90

核心素养导向的礼轩小学语文大单元教学设计与实践(一)
——以部编版小学语文五年级上册第六单元为例 / 90

核心素养导向评价引领的小学语文大单元教学设计与实践（二）

　　——以部编版小学语文五年级上册第六单元习作

　　为例 / 97

核心素养导向的小学语文大单元命题设计与研究

　　——以部编版小学语文二年级下册第六单元阅读鉴赏类

　　命题为例 / 105

大单元教学设计关键技术之教材分析 / 112

小学语文"表达与交流"素养培育的策略与方法

　　——以高学段想象作文板块为例 / 116

小学语文六年级大单元教学实践心得与总结

　　——用语文的眼光看世界 / 123

第四章　核心素养导向的小学语文大单元教学教研共同体建设 / 128

教研共同体：大单元教学教研共同体建设 / 128

我在教研共同体中成长

　　——聚焦"大单元"，分享"真"故事 / 132

第五章　礼轩小学语文学业质量标准校本化解析 / 138

一年级学业质量标准解析 / 138

二年级学业质量标准解析 / 149

三年级学业质量标准解析 / 160

四年级学业质量标准解析 / 177

五年级学业质量标准解析 / 191

六年级学业质量标准解析 / 210

第一章　核心素养导向的小学语文大单元教学设计理论研究

小学语文大单元教学设计之单元背景分析的意义和方法

《义务教育课程方案》（2022 年版）在"课程实施"第 2 点"深化教学改革"中要求："探索大单元教学，积极开展主题化、项目式学习等综合性教学活动，促进学生举一反三、融会贯通，加强知识间的内在联系，促进知识结构化。"这里明确提出了"探索大单元教学"，指出了大单元教学的目标追求。再来看，正式颁布的 2022 年版语文课标中指出"依托学习任务整合学习情境、学习内容、学习方法和学习资源，安排连贯的语文实践活动"，这段话表达的意思正是"大单元"教学的基本追求和重要特征。由此可见，基于统编版教材单元的大单元教学探索和实践，是《义务教育课程方案》（2022 年版）和《义务教育语文课程标准》（2022 年版）共同明确的教学理念，应该成为一线教师单元教学的理念追求和实践探索。

其实，早在 2022 版新课程标准颁布之前，礼轩小学在 2020 年就开始进行大单元教学研究和实践。一路走来，在山东省教科院张斌副院长指导下，礼轩小学开发了大单元教学设计的七个要素，包括：单元基本信息、单元背景分析、单元组织中心、单元目标、单元评价、学习进程、学后反思。这七部分最终指向核心素养的提升。

一、大单元教学之单元基本信息

单元基本信息，包括单元名称、学科、课程类型、单元课时、实施时间、实施对象等基本要素。大家不要小看单元基本信息，仅单元基本信息里面的实施时间这一项就能体现教师是否具有培养学生核心素养的意识。例如小学语文三年级"童话故事"一单元，就从时间维度上强调了学生学习历程的完整性，避免了传统的"课时"逻辑对于学生学习经历的割裂，强调了"以学习定时间"而不是"以时间定学习"。因为任何一项核心素养的培养和形成，都是一个长时间或较长时间的过程，不会在一节课、两节课中实现。

二、大单元教学之单元背景分析的意义

当前各个学科的单元背景分析存在这样的几个问题：

1.课标分析不见课标，教师心中没有课标意识。

2.教材分析目的不明确，不明白分析什么，或者分析了不能为单元教学提供很好的帮助。

3.学情分析不聚焦，呈现假大空的现象。

4.目标叙写语言逻辑性、规范性、简洁性差，目标完成主体不明确、混淆。

正因为存在各种各样的问题，大单元单元背景分析才更加重要。

三、单元背景分析的内容

单元背景分析包括课标分析、教材分析和学情分析三大内容。研读与教材内容对应的课程标准的相关要求，对标国家课程标准中的学科核心素养与学业质量，明确为谁而教、为什么教的问题。研读教材，特别是研读教材的内在逻辑与内容结构，以及可得到的课程资源，明确用教材教什么的问题。分析学生的认知准备与心理准备，明确教到什么程度的问题。课标分析、教材分析、学情分析三者并不分家，在大单元设计伊始，三者在具体的分析过程中经常是被同时考虑的，三者是一个密不可分的整体。三者作为单元背景分析，为研制精准可测的单元目标提供足够的依据。

四、单元背景分析的方法

（一）课标分析

课程标准是国家课程的基本纲领性文件，体现的是国家的教育目的。

课程标准将党的教育方针细化具体化为本学科的核心素养，将国家的教育蓝图可视化。作为教师，我们首先要明白我们在为国育人。正如崔允漷教授所说，素养本位的课程标准就是学科之家，心中无课标的学科教学，无异于"离家出走"。因此，进行大单元教学设计时，老师必须追溯到国家课程标准，看课标对相关教学内容的定位，才能更好地理解国家的育人目标和教材的编者意图，真正实施为国育人的教学。课标分析的内容共包含三部分：课标陈述、课标分析、得出结论。以部编版小学语文五年级上册第六单元"舐犊情深"单元为例，课标分析方法如下。

（1）课标陈述。结合教材单元导语中单元主题和语文要素的提示，上源寻找并对接国家课程标准，选取与本单元相关联的课程总目标、学段目标、学业质量、内容组织与呈现方式的陈述。本单元的课标陈述如下。

1.在语文学习过程中，培养爱国主义、集体主义、社会主义思想道德，逐步形成正确的世界观、人生观、价值观。

——《义务教育语文课程标准（2022年版）》课程总目标第1条

2.阅读叙事性作品，了解事件梗概，能简单描述自己印象最深的场景、人物、细节，能说出自己喜爱、憎恶、崇敬、向往、同情等感受。

——《义务教育语文课程标准（2022年版）》【阅读与鉴赏】第三学段第4条

3.在活动中积累素材，写简单的记实作文，内容具体，感情真实。

——《义务教育语文课程标准（2022年版）》学业质量第三学段

4.阅读反映少年成长的故事、小说、传记等，交流自己获得的启示，学习运用细节描写等文学表现手法描述自己成长中的故事。

——《义务教育语文课程标准（2022年版）》任务群【文学与创意表达】第三学段

国家课程标准围绕核心素养确立课程总目标，学段目标是对总目标的具体细化，学业质量反映本学段目标落实情况，四条课标是逐步细化聚焦落实的过程，这样核心素养通过语文学科课程的实施逐步落地。

（2）课标分析。课标分析的步骤：一是分析陈述方式、表述结构和关键词；二是分析行为表现；三是确定行为条件；四是确定行为表现程度；

五是依据课标分析得出有关此内容的课程目标。这是课标分析的关键技术。

以第二条【阅读与鉴赏】标准分析为例，首先分析这条课标的陈述方式、表述结构和关键词。这条课标的陈述方式为："体验性目标"或叫作"表现性目标"，表述结构为："行为表现＋行为条件"的形式。本课标所呈现的行为条件为"阅读叙事性作品"。行为表现（即过程或任务）："了解事件梗概，能简单描述自己印象最深的场景、人物、细节，能说出自己的喜爱、憎恶、崇敬、向往、同情等感受。"然后我们找出关键词进行扩展或剖析，明确与本单元教学内容相关的概念、定义、范围、方法，如单元语文要素中提到的"场景""细节"的概念，"叙事性作品"的范围等，"内容具体，感情真实"的方法等。

然后借助行为动词，整体分析行为表现。确定对应的行为条件、行为表现程度。找出本条课标中的行为动词"了解""简单描述""说出"，根据学科逻辑以及教师经验展开分析其行为表现。可以将行为表现分解为：第一层次，能找出场景、细节描写的句段，能表述场景大意；第二层次，能概括出该场景营造的氛围，能说出、读出场景、细节描写中蕴含的感情；第三层次，能通过场景、细节描写，表达内心的真情实感。根据以上三条行为表现，结合学情、教学资源等，确定对应的行为条件分别为：在教师引导下，通过文本阅读分析，全班展示。根据学情资源，三条行为表现对应的行为表现程度为：正确完整清楚、如实、充分。这条课标分析的结果为：1.通过文本阅读，在教师引导下，能正确找出场景描写、细节描写的句段，能完整清楚地表述场景大意；2.通过阅读分析文本，能概括出该场景、细节描写的作用，能说出或读出场景、细节描写中蕴含的感情，并如实向全班展示；3.能结合自身印象深刻的事例，综合运用场景和细节描写的方法，充分表达内心的感受。掌握了以上分析课标的技术，我们就可以继续深入分析与本单元相关课程总目标、学业质量、课程内容。在此不一一赘述。

（3）得出结论。通过对三条课标的深入分析，可以得出本单元的学习目标是引导学生以"舐犊情深"为主题，让学生在"知——行——为"三个层次有以下的发展。第一层面：通过阅读文章，学习作者于场景、细节描写中表达感情的方法。第二层面：运用场景、细节描写的方法，用恰当的语言表达自己的看法和感受。第三层面，持续理解"舐犊情深"的含义，形成心中有父母、懂得感恩父母的正确价值观、必备品格和关键能力。结合课标分析的结论与教材给出的单元语文要素和人文主题进行比对，可以发现两者是相吻合的。但是，它相对于教材给出的语文要素，更加具体化、包含了语文学科学习的持续进阶的逻辑层次，三个层面从学生本位出发，从阅读与鉴赏、表达与交流、审美创造的三位一体的语言实践过程中实现了语言发展、思维发展和品格的培养，遵循了学方法、用方法的学习规律，共同指向语文科学的核心素养，体现了学科育人、立德树人。

（二）教材分析

曾有人问教材已经按照单元组织编排，还需要确立单元吗？然而教材内容不等于教学内容，大单元设计时考虑的"教材"的含义是一切教学所需资源。要想把教材内容变成教学内容，关键技术在于教材内容的教学化处理。教材分析分为内容分析、内容与目标的适切性分析、教材处理三个步骤。

1.教材内容分析

包括教材内容的结构、性质、特点、背景等分析，纵向分析和横向分析它们在学科中的前后左右关系（即在课程中的地位），所涉及的学科知识技能方法。如本单元导语提到的语文要素是"体会作者描写的场景、细节中蕴含的感情"，那么体会思想感情的知识技能与方法，在十二册教材中是如何纵向分布的呢？梳理教材相关的语文要素和主题篇目我们发现：在小学低学段学习了借助想象体验情感，简单记录自己的想法；中段学习了通过人物细节描写、关键词句体会情感，并通过一件事表达自己的看法和感受；小学高学段集中学习了借助具体事物、场景细节、结合资料体会思想感情的方法、并学习恰当的、具体的、有重点的表达真情实感。由此可见，教材对体会思想感情、表达真情实感这一能力的培养是持续的、进阶的，体会和表达思想感情的方法从单一方法的学习到多种方法综合运用，让学生在学习过程中逐步实现了"由读到写"内在能力的转化。同时，通过横向分析单元主题、单元中每个板块的单元价值、教学侧重点以及课后习题，可以看出教材内容共同指向单元语文要素的落实。教材编者意图通过依托学生已有的基础，学习作者体会场景、细节描写中表达感情的方法，并用恰当的语言表达自己的看法和感受，体悟单元主题"舐犊情深"的人文主题的含义。纵向和横向分析教材，明确了本单元的课程地位。

2. 教材与本单元课程目标的适切性分析

通过以上对教材既有内容的分析，可以发现教材内容能达成本单元的课程目标，但是按照传统授课方式逐篇线性教学，耗时长、效率低，不利于学生的深度学习，因此需要进行大单元设计，重组教材内容知识点，建构学习单元。

3. 教材处理

教材处理：一是从学科核心素养出发，像教材专家一样思考，建构学习单元；二是从单元的目标出发，明确指向目标的教材处理的技术，如新增、删除、更换、整合、重组、资源开发，对教材内容进行教学化处理。首先，我们对本单元人文主题进行延伸转化：将教材给出的主题是"舐犊之情"转化为"春晖情 寸草心"。这个主题是站在学生的角度提出的，充分挖掘大单元的学科育人价值，由该人文主题延伸设计的大情境大任务更有利于将学生的学科学习融入生活实践。

其次，从单元课程目标出发，把教材内容做了适当的重组、调整和增补。将口语交际融合到了文本的学习中，词句段运用分别调整到课文学习、交流平台和习作部分中去。调整课文的学习顺序，把场景描写突出的课文《父爱之舟》作为第一篇课文学习，场景细节描写兼具的《慈母情深》一课调后。将习作调整到最后一个板块来输出。增补了相关类型的群文《安塞腰鼓》《背影》。

（三）学情分析

长期以来，学情分析存在的问题：就"学情"分析学情，分析结果与目标确定、评价和教学设计关联性不大。单元背景下的学情分析包括学生生活经验分析、基础能力分析、学习难点分析。

1.生活经验分析。分析学生生活经验、学生的兴趣、价值观念。如在"春晖情 寸草心"单元，我们通过问卷调查和访谈发现，随着学生年龄的增长，学生逐渐进入青春期，与父母之间的情感交流出现问题。因此，通过本单元的学习，引导学生理解"春晖情 寸草心"的含义，形成恰当表达自我的情感的能力。

2.基础能力分析。分析学生已有的知识技能。通过测验、作业情况收集学情发现：学生在2—5年级已经学习了很多体会文章思想感情的方法，大部分的学生能用多种方法体会文章的思想感情。

3.学习难点分析。分析学习思维难点（生长点）。通过教师观察作业情况等可以发现：①搞不清楚场景描写的作用；②不能概括出该场景描写的作用；③灵活运用场景描写、细节描写表达自己的看法和感受有难度。如感情表达不充分，事例不典型，场景、细节描写不具体，为了表达而表达，无方法技能。为突破学生的思维难点：可以通过阅读文本，借助已有知识技能，引领学生从场景构成要素的不同角度体会场景所渲染的氛围或烘托的人物形象，同时在生活中观察父母，让学生有的说，有的写，从而经历一个学场景、品场景、写场景的学习历程。单元背景部分的学情分析是基于既定的上位目标来分析学情。当然，基于大单元的学情分析不仅是基于既定的上位目标，也是基于后续的学习任务、学习活动等来分析学情，需要关注学情的动态生成。

课标分析、教材分析、学情分析，共同构成了单元背景分析。正如佐藤学所说，教育研究有三个视角，飞鸟之眼、蜻蜓之眼与蚂蚁之眼。课标分析要求教师用"飞鸟之眼"俯瞰教材，隐含着教师不再是教科书的执行者，而是课程的开发者；用蜻蜓之眼深入挖掘教材，教师是"用教科书教"而不是"教教科书"；用蚂蚁之眼观察学生，时刻与学生在一起，做学生的学习伴随者、引导者。大单元教学设计的背景分析，需要老师的站位从知识点（对语文学科来说即一篇篇课文）转向单元，重新激活单元概念，站在课程视角、学习立场，对接学科素养，为提取单元组织中心（单元大任务大情境大问题），为确立出精准的、可评测的、适合学生可持续可进阶学习的单元教学目标，提供重要依据。

小学语文大单元教学设计之单元组织中心
提取方法及应用

单元组织中心是大单元教学设计要素中的第三部分。首先我们来看一下什么是单元组织中心？单元组织中心不是单纯的知识结构，而是能够统领组织整个单元学习的一种单元组织方式，可以简单地理解为将单元知识点和能力统整起来的具有统领性的任务或问题等。如果说知识技能是"混凝土"，那么单元组织中心就是"钢结构"，不同的"钢结构"会建构成不同的素养"房子"。在单元组织中心的支撑下，学生可通过在真实情景中"做事情、解决问题"进行学习，真正体现了大单元教学设计的"大结构"。

一、单元组织中心的形式

单元组织中心通常可分为"大观念""大任务"和"大问题"三种形式。"大观念"通常是以一个需要确立或认同的核心观念或概念来组织单元观念群学习，一般指向素养目标中的价值观念和必备品格，如培养某种意识形态或某种学科观念。"大任务"通常是以一个需要完成的真实情境任务来组织单元任务串学习，一般指向素养目标中的关键能力和必备品格，如制作某种产品、成功完成某项任务等。"大问题"通常是以学科或真实情境中的一个核心问题来组织单元问题链学习，一般指向素养目标中的关键能力和价值观念，如解决某个问题或认识某种现象等。由于课标要求、教学内容、具体学情的不同，同一单元提炼出的单元组织中心可能是不同的，有可能是大观念，也有可能是大任务或者大问题。教师需要根据具体情况分析，选择合适的单元组织中心组织单元。

二、单元组织中心的提取方法

以大任务来组织单元是语文学科大单元教学设计的常用方法。2022版语文课程标准强调"学习任务群"。"学习任务群"是语文课程内容的一种"组织和呈现方式"，目的是以任务驱动的方式组织和实施教学活动，让学生"在完成任务、解决问题的过程中积累语文学习经验，发展未来学习和生活所需的基本素养"。因此，可以从上位的课标出发，自上而下提取大任务。首先聚焦单元对应的课标内容，明确本单元属于哪个学习任务群，再进一步研读这个学习任务群的学习内容和教学提示，对单元内容的学习价值做出更加准确的定位。以五年级上册语文第六单元"舐犊情深"为例，本单元属于发展型任务群【文学创意与表达】的范畴。在此基础上，综合考虑教材内容和学生情况，设计不同类型的学习任务，依托学习任务整合学习情境、学习内容、学习方法和学习资源，安排连贯的语文实践活动。最终确定我们以"春晖情 寸草心"为单元大任务，也就是本单元的大情境。它是站在学生的角度提出的，从学生的角度讲，学生首先要去领悟父母之情，其次还要像小草一样回报父母之爱。这样的延伸，充分挖掘单元整体的学科育人价值，更加将主题意义融入学生的学习生活实践中，该主题的提取，为教材的显性知识与学科的隐性育人功能之间搭建了桥梁。

三、语文学科单元组织中心的应用

围绕大任务，共设计三个子任务，分别是"父母之爱我品读""父母之爱我来报""父母之爱我来写"。在任务一"父母之爱我来品"中，在单元三篇课文的学习基础上，引导学生感悟场景细节描写中所蕴含的感情，掌握本单元基础知识，总结场景特点，体会场景作用。在任务二"父母之爱我来报"中，以调查问卷、观察父母言行、记录父母之爱等语文实践活动，持续理解、体会"春晖情 寸草心"这一单元大概念，让学生对父母之爱的理解和报答贯穿于他们的一生。在任务三"父母之爱我来写"中，学生将习得的于场景细节描写中体会父母之爱的新方法，运用于写作中，学生写场景，评场景，用场景表达出对父母的真情实感。经历这三个学习任务，学生语文核心素养的发展，也从抽象概念走向了具体的、可见的学习行动。这样的学习任务群设计不仅使学生在单元学习活动中潜移默化的建构了学科知识，还能发展学科能力，有效提升学科的核心素养，达成本单元的学习目标，从而实现学科育人的根本目的。单元学习任务的设计，不能脱离"真实"的学习情境，因为只有当学习情境能够激发学生的内驱力，让学生产生积极主动地解决"现实"问题的欲望，学习任务才拥有了驱动力，大任务的整合力和发展力，也在学生解决问题的"语文实践活动"中得到积极体现。一个好的单元组织中心具有向心力、驱动力、整合力和发展力，有利于让学习真正发生，让素养目标真正落地。

当然，有的学科大任务的提取也可以是自下而上的。比如英语学科课程标准中的核心素养和课程内容往往与教材单元内容的对应关系不明确。因此，可先从下位的教材分析入手，明确单元学习内容，如主题意义、语言知识等再对标上位课标，自下而上地提取单元组织中心。以大观念来组织单元是数学学科大单元教学设计的常用方法。从上位的课标出发，聚焦单元对应的课标内容，明确课标要求，再进一步分析教材内容以提取单元组织中心。通过上面的分析，不难看出，如果说素养目标为大单元设计的灵魂，那么单元组织中心就是规划组织单元学习的骨架结构。

小学语文大单元教学设计之单元目标研制的
意义和方法

　　大单元教学要求我们建立强烈的目标意识，因为精准的目标是教学的灵魂，支配着教与学的全过程。目标是课堂的灵魂，目标不对，设计活动都白费。对比以往单元学习目标，我们发现：目标设定"假大空"，无法落地，比如培养学生动脑、动口、动手等综合能力；行为主体混杂，比如理解课文内容，行为主体是学生，而激发学生阅读名著兴趣又变成了教师；再比如目标与任务混杂型，甚至游离学科本质。这些目标大多停留在知识层面，注重对技能的训练，更加关注教师教什么以及怎么教，而缺乏对学生怎么学和学得怎么样的关注。这样的目标写起来"高高在上"，上起课来却只关注知识点的"了解识记"类的低级目标，无关素养；或者"和稀泥"，学习没有进阶，没有脚手架，也没有"最近发展区"，有悖于学科教学系统性与递进性的宗旨。

一、大单元教学之目标研制的意义

　　大单元设计与实施致力于把目标定位在学科课程标准所确定的"学科素养目标"上，借助知识载体，超越单纯的知识掌握，实现理解学科本质，形成正确的价值观念以及必备品格和关键能力的素养立意的学习目标。礼轩小学大单元目标体系包括单元目标和课时目标。单元目标是教师在学生现有水平的基础上为学生设置的最近发展区，课时目标是在该区域内搭建的脚手架。课与课之间相互连接、互为支撑，为学生逐步认识、掌握学科内容架起逐级上升的"阶梯"。单元目标指向学科核心素养，描述"看得见"的结果，有些抽象。课时目标立足于基础知识与基本技能，描述"做得到"的结果，相对具体。单元目标要依靠课时才能落地，课时目标要依据单元目标来制定，是单元目标的具体化。大单元教学目标体系的研制，就是把学科课程标准变为"看得到"的单元目标，最后落实到"做得到"的课时目标，形成单元目标与课时目标一致的单元目标体系。

二、单元目标的叙写方法

这样的以单元背景分析和单元组织中心为基础的具有素养立意的单元目标体系，是如何写出来的呢？以五年级下册第五单元"众生百态 人生百相"为例，重点从目标叙写和目标分解两个方面展开。

（一）单元学习目标的叙写

对于大单元教学单元目标的陈述，关键是回答"谁学，学什么，怎么学，学到什么程度"的问题，因此单元目标应包含行为主体、行为表现、行为条件、表现程度四个要素。大单元教学目标体系的呈现应遵循以下原则。①不论是单元目标还是课时目标，皆指向学生通过学习之后的预期结果，因此必须以学生作为行为主体，回答的是"谁学"的问题，但在叙写时一般可省略行为主体。②行为表现回答本单元学什么的问题，一般以"动宾"结构来描述预期的学习结果，需要注意的是，单元目标的陈述是为了便于后续的单元评价，因此行为动词尽可能要清晰、可把握。③单靠行为动词和行为程度无法将目标清晰地表达出来，还需要结合相应的行为条件，也就是要通过学习环境来回答怎么学的问题。④单元目标对接课程标准，指向全体学生应达到的标准，而非个体学生，因此表现程度的要求要适中。有了以上要素，礼轩小学大单元教学单元目标的叙写方式如下：即通过什么内容和（或）方式学习或展现，知道或会做什么，经历、体验或表现什么，指向学习意义或核心素养方面应提高、具备或发展什么。结合以上分析和技术，这一单元的第1条单元目标如下：阅读本单元"众生百态"的文章，感知作家笔下各具特色的人物。在大量感知的基础上，能从作者的角度思考如何具体描写人物特点，学习作家描写人物的基本方法。

当然，礼轩小学目标叙写也是反复思考的过程。我们不断反思：每一个大单元目标明确吗？每一节课的目标准确吗？他们之间的关系？如何才能证明达到目标？目标又如何导教、导学、导练？目标能测吗？在不断的反思中，我们的目标研制经历了从一开始的行为主体混杂、行为动词宽泛模糊、行为条件不充分，以及整个目标可操作性不强，到后来逐步叙写规范，再到层次清晰、可操作可测评度逐渐增强的过程。

（二）单元目标的细化与分解

如何将单元目标落实到"做得到"的课时目标中去呢？课时目标的形成以单元目标为基础，围绕行为主体、行为表现、行为条件，进行层级分化。比如本单元第1条单元目标中的行为表现为：学习描写人物的基本方法。那么结合教材，在课时学习中，什么样的行为表现能证明学生学会了描写人物的基本方法呢？我们可以把这一单元目标细化为4条课时目标：通过阅读《摔跤》《他像一棵挺脱的树》《两茎灯草》三个片段，找出描写小嘎子、祥子、严监生的动作、外貌等描写的相关语句，说出人物的特点；结合课文中对人物动作、外貌等描写的语句，体会细节描写的表达效果；通过默读课文，画出文中描写刷子李的语句，说出刷子李的人物特点，并结合相关语句进一步体会人物描写的基本方法及表达效果；对比阅读文中描写曹小三的语句和《人物描写一组》，了解通过他人的反应表现人物特点的方法。

再比如单元目标3（精选出典型事例，运用人物描写的基本方法，具体地写出人物的特点）可以细化为三条课时目标：梳理描写人物的基本方法，制订习作标准；结合单元习作标准，通过小组合作、个人对照等方式，能够对他人、自己的习作进行评价、修改，提出有效的建议；通过小组交流、全班展示，能和同学分享习作并交流各自的感受。在分解课时目标时一定要根据大任务和具体学情做出适当的调整，而不是把单元目标简单地拆解。比如，按教材既定的设置，第1课时是《人物描写一组》，而我们在研制课时目标时，优先考虑到学生思维上存在难点，将第1课时的目标设定为，通过默读单元导语及单元习作要求，能明白本单元的学习目标，并在教师的指导下，能够根据文本内容及个人的学习经验，制订单元学习计划。这样根据四条单元目标，共细化分解出 12 条课时目标。

需要注意的是，单元目标与课时目标呈现，由于学习逻辑、课时容量、学习活动等多方面的因素，可能是一条单元目标对应多条课时目标，就比如刚刚我们提到的本单元的第 1 条单元目标对应 4 个课时的 5 条课时目标。除此之外，也可能是一条单元目标对一条课时目标，或多条单元目标对应一条课时目标的关系。由此，我们发现将单元目标落实到课时目标，就是要站在学习者的角度思考：搭建怎样的阶梯实现单元学习的进阶。

三、大单元教学之目标特征

通过对以上案例的阐述，我们可以看出大单元教学目标素养导向的特征显而易见，且本单元课时目标之间建立联结互为支撑，为达成单元目标搭建支架，这样的单元目标体系具有明显的进阶性和整体性。不仅如此，目标叙写更加精准、便于检测，利于学、教、评的一致性推进。大单元目标是条理的、系统的，课时目标是具体的、精准的。如果单元目标与课时目标的进阶条理地、清晰地、完整地、系统地呈现出来，我们会发现，本单元的学习历程也就水落石出，单元评价也就有据可依了。至此，单元目标体系确立。礼轩小学单元目标站位高，从"大"处着眼，"细"处落实，从学科素养出发达成课程育人的目的，因此也凸显出大单元目标体系具有"大立意"的特点！

小学语文大单元教学设计之单元评价方案的设计与实施

单元评价设计是促进"教学评"一体化实施的关键。2022 年国家颁布的新课程方案指出：在探索如何评、如何评好，实现评价增值的过程中，要注重对学习过程的观察、记录与分析，设计基于证据的评价，关注学生真实发生的进步，关注典型行为表现，推进表现性评价。华东师范大学崔允漷教授在提到评价时曾说道：评价是教育专业化最后的堡垒！中国人好评但不会评。从课程方案陈述及专家观点中可以看出评价的重要性。

一、大单元教学评价方案的内容

在我们看来，评价要基于单元目标及核心素养，目标指向哪里，评价就跟到哪里，评价在检测目标是否达成的同时，通过目标的达成度判断学生的核心素养发展程度；评价还连接教与学，评价以任务的形式嵌入教的内容及学的活动中，通过各种不同的表现性评价任务来改进和调控教与学，实现教、学、评的一致。那如何进行大单元教学评价的设计呢？在大单元教学的研究实践过程中，我校研制出新教师也能轻松掌握的"脚手架"，即指向目标的单元评价方案。它由两部分构成。

（一）单元评价方案

单元评价方案由指向整个单元评价目标的形成性评价和总结性评价构成。其中分布在具体课时中或课外的一个个表现性评价构成了形成性评价，促进单元学习目标达成。针对单元学习结果的评价是总结性评价，用来判断单元目标的达成度。其实总结性评价可以是一个或多个评价任务，因此有的在单元结束时执行，有的则需要在单元过程中多次执行。要注意的是，每个具体评价任务在设计时都要对应具体的单元或课时目标。执行时间则是指具体课时的某个具体活动。

（二）单元评价任务说明

单元评价任务说明是指对所有表现性评价及总结性评价任务进行的说明。它通常由任务名称、评价目标、任务描述、评价标准、评价实施及记录工具六个部分构成。

二、单元评价方案的设计

接下来我以小学语文五年级下册第五单元为例进行说明。单元评价的设计立足于单元组织中心。本单元的单元组织中心是以大问题引领任务群，基本问题即怎样用文字具体表现一个人的特点。可以看出，单元学习内容是写人的综合训练，就是借助单元的学习范本学习如何抓住典型的事例，综合运用人物描写的方法，写出能够凸显人物特点的习作。整个单元内容层层递进，是"学——练——用"的过程。学生经过本单元的学习，形成"精选典型事例，综合运用人物描写方法，可以更好地表现人物特点"的概念，为能够文从字顺地表达自己的见闻、体验和想法，提供必备的知识和技能，从而发展语言语用和审美创造能力。于是，依据本单元的单元目标，我们开发了这样完整的单元评价方案。本单元包含8个课时的六个评价任务。如下图所示：

单元评价

（一）单元评价方案

小学语文（五下）单元名称：众生百相，人生百态

课 时	评价任务	执行时间	备 注
课时1	评价任务1-1：制订单元学习计划	学习活动三	
课时3	评价任务3-1：抓住外貌描写，说出样子特点，体会表达效果	学习活动三	单元评价
课时5	评价任务1-1：了解通过他人的反应，表现人物特点的方法。	学习活动一	
课时5	评价任务B：学习选取典型事例凸显人物特点的方法。	学习活动一	单元评价
课时6	制订评价标准	学习活动一	单元评价
课时8	评价任务8-2：交流习作	学习活动三	

（二）单元评价任务说明

单元总结性评价：

评价任务：运用学到的人物描写方法完成习作，交流评改习作。

评价目标：完成一篇写人的文章。用文字展示本单元你的学习成果，特别要求运用人物描写的基本方法和精选出的经典事例，具体写出人物的特点。写完后与全班同学交流、修改、分享。

任务描述：我们每天都会接触到形形色色的人：小区里锻炼身体的爷爷奶奶，学校里的老师同学，还有上学时遇到的公交车司机、维持秩序的交通警察……选择一个你感兴趣的人，运用本单元学过的描写人物的方法，具体体现人物的特点。

评价标准：

习作评价量规				
评价维度	评价指标	等级描述		
		优秀	良好	需努力
典型事例	事例具体	能清楚、具体地写出事情的过程。	能写清楚事情的过程。	事情描述不清楚。
	证明特点	所选事例与人物特点匹配，可以证明人物特点。	能选择具体的事例。	所选事例无法体现人物特点。
描写人物的方法	细节描写	能够综合运用语言、动作、能够运用语言、动作、细节描写人物真实的状态。	能够综合运用语言、动作描写;能够运用语言、动作、细节描写，但运用不够恰当。	细节描写较单一。
	周围人的反应	能够加入周围人的反应描写，反映人物特点。	能够加入周围人的反应描写，但与人物不匹配。	无周围人反应描写。
人物特点	人物特点鲜活	人物形象突出，事例与特点匹配。	能描写人物，特点不突出。	无法突出人物特点，事例选取不典型。

以第三个总结性评价任务为例，开发评价任务的第一步是根据学习目标制订评价目标。第二步是设计评价任务。每一个评价任务的名称都要依据评价目标的核心内容制订。根据案例中评价目标的内容制订出的任务名称为：运用学到的人物描写方法完成习作，交流、评、改习作。第三步是任务描述：将评价目标具体化，是为引出学生学习证据而要求学生做的事。这是根据评价目标设计的任务描述。第四步是根据评价任

务开发评价标准，通常依照以下四个步骤进行编制：第一步，预想评价中渴望得到的学生表现；第二步，基于目标列出与任务描述匹配的评价框架（维度或指标）；第三步，确定评价类型（标准），列出各指标的表现特征和等级层次；第四步，按照不同类型的结构，实施编制。这里完成写人的习作评价标准需要学生多个维度的表现，因此设计了与目标对应的三个评价维度并用三个等级来预设学生的不同表现。

三、单元评价方案的实施

以小学语文五年级下册第五单元为例，评价实施落实在课时中，"写人"作为大任务引领着学生的学习。学生要想完成"写人"的评价任务，首先要梳理描写人物的基本方法，共同梳理制订习作标准。其次要结合习作标准，通过小组评、自评、全班评、师生评等形式分享交流习作。因此，学生需要经历评价方案中的六个任务，最终完成大任务。运用这样的评价体系，学生能理清任务，明确标准；运用标准，参与评价；借鉴改进，总结经验，实现学生的互相评价和自我反思，掌握"写人"这一知识技能，在新情景中的迁移运用，做到将评价工具嵌入教与学全过程，为学生学习"写人"全程导航。通过基于目标的评价体系，教师能利用评价工具收集学习证据，审视自己的"教"，灵活调整教学，实现教、学、评一致，及时调控单元学习进程，以评促教，以评促学，我想这是我们大单元教学最大的意义。

总之，礼轩小学的单元评价体系体现在，用专业科学的评价设计，调控单元学习进程；用动态生成的评价结果，诊断单元学习效果。通过评价激励学生学会深度学习，最终促进其核心素养发展。

第二章　核心素养导向的小学语文大单元教学设计

部编版小学语文二年级下册"改变"大单元教学设计

一、单元基本信息

单元主题	改变	学　科	语文
课程类型	国家课程	单元课时	10
实施时间	5.26—6.02	实施对象	二年级（3）班
班级人数	45	所属领域	阅读与鉴赏

二、学习内容分析

（一）课程标准分析

阅读浅近的童话、寓言、故事，向往美化的情境，关心自然和生命，对感兴趣的人物和事件有自己的感受和想法，并乐于与他人交流。

——《义务教育语文课程标准》（2022 年版）第一学段阅读与鉴赏第 3 条

能完整地讲述小故事，能简要讲述自己感兴趣的见闻。

——《义务教育语文课程标准》（2022 年版）第一学段表达与交流第 2 条

学习儿歌童话，阅读图画书，体会童真童趣，感受多姿多彩的生活，初步体验文学阅读的乐趣。

——《义务教育语文课程标准》（2022 年版）文学阅读与创意表达任务群（第一学段）

通过对接课标，我们发现本单元欲引导学生围绕"改变"这一主题在"知——行——为"三个层面有长足发展。第一层面：利用搭建的不同支架，学生学会讲故事，乐于与他人交流；第二层面：学生能够在情境中将本单元所学到的讲故事方法从课内迁移到课外，真正落实语文学科核心素养中的语言运用；第三层面：在不同情境中，体会"改变"所带来的不同结果，产生自己的判断和想法，从而促进学生的思维发展、提升学生的审美能力。

（二）教材分析

1.本单元人文主题分析

部编版二年级下册第七单元的人文主题为"改变"，围绕该主题本单元编排了四篇趣味横生的童话故事：《大象的耳朵》《蜘蛛开店》《小毛虫》《青蛙卖泥塘》。虽然故事题材相同，但都通过不同的侧面去丰富学生体会"改变"所带来的不同结果，从而产生自己的判断和想法。童话故事中小动物们的经历和困惑也是学生在成长中需要面临的问题，因此本单元的人文主题指向了学生的成长，也更凸显了育人价值。

2.本单元语文要素分析

册 次	人文主题	语文要素
一上第八单元	观察	寻找明显信息，借助图画阅读课文。
一下第二单元	愿望	找出明显信息，培养阅读理解能力。
二上第六单元	伟人	借助词句，了解课文内容。
二上第八单元	相处	自主识字，自主阅读；借助提示复述课文。
二下第六单元	大自然的秘密	提取主要信息，了解课文内容。
二下第七单元	改变	借助提示讲故事。
三上第三单元	中外童话	感受童话丰富的想象，试着自己编童话、写童话。
三下第八单元	有趣的故事	了解故事的主要内容，复述故事。
三下第八单元	神话故事	了解故事的起因、经过、结果，学习把握文章主要内容。
四上第八单元	历史传说故事	了解故事情节，简要复述课文。
四下第六单元	儿童成长	学习把握长文章的主要内容。
五上第三单元	民间故事	了解课文内容，创造性地复述故事。
六上第四单元	小说	读小说，关注情节、环境、感受人物形象。
六下第二单元	外国文学名著	借助作品梗概，了解名著的主要内容。

（1）对部编教材"讲故事"的语文要素梳理与分析

本单元的阅读要素是"借助提示讲故事"。通过梳理"讲故事"的语文要素，发现部编教材的第一阶段主要是借助各种提示，按顺序来进行完整的讲述。第二学段是详细复述和简要复述，在讲故事的细节和概括故事的能力方面有了更高要求。第三学段是创造性的复述，要求学生在了解课文的基础上，创造性的模仿原文的遣词造句，并谋篇布局来进行复述。

因此，本单元语文要素"借助提示讲故事"在整个小学阶段"讲故事"的发展脉络中起着至关重要的承上启下作用，既是对一、二年级提取信息和借助提示方法应用的巩固，同时又为中高年级复述故事打下基础。

单元板块	单元内容	教学侧重点及安排
单元导语	人文主题：改变	通过不同的侧面去丰富学生体会"改变"所带来的不同结果，从而产生自己的判断和想法。
	语文要素：借助提示讲故事	体会童话中人物的情感变化，帮助学生更好地体会其中蕴含的道理，同时为中高年级复述故事打下基础。
精读课文	《大象的耳朵》	能画出大象的话，说出大象的想法是怎样改变的；结合生活说出对"人家是人家，我是我"的理解；根据课文内容展开想象。
	《蜘蛛开店》	能够抓住规律，借助示意图讲故事。
	《青蛙卖泥塘》	能说出青蛙为卖泥塘做了哪些事，最后又为什么不卖泥塘了；能读好问句，分角色表演课文。
	《小毛虫》	能够在理解内涵的基础上抓住中心句讲故事。
语文园地七	识字加油站	认识"帚""抹"等九个生字，读准多音字"扫"；认读有关情节工具和情节活动的词语。
	字词句运用	能够用多种方法猜字的读音和意思，并通过查字典验证；学习"好像""像……似的""……一样"的比喻句。
	写话	旨在激发学生表达的欲望，使学生结合自己的真实感受说清旨在激发学生表达的欲望，使学生结合自己的真实感受说清楚养小动物的理由。

语文园地七	书写提示	发现"又""土""车""牛"做偏旁后的大小、形态，以及笔顺的变化；写好"劝""转"等字。
	日积月累	背诵《二十四节气歌》。
	我爱阅读	自主阅读《月亮姑娘做衣裳》，能发挥想象，理解故事内容，感受故事的趣味。

3. 本单元学习内容分析

从教材的具体内容来看，本单元围绕人文主题"改变"编排了四篇有思维价值的童话故事；从课后习题来看，共同指向"提示、讲故事"这样的学习方式。学生依托已有的学习基础，朗读童话、梳理故事的顺序、完善信息、搭建故事的支架，在句段与句段间，篇章与篇章间形成多回合的品读，并在此基础上进行完整的复述，在系统的训练当中迁移语言运用、促进思维发展、提升审美能力。

基于以上分析，可以看出本单元目标能够达成，但为了使各部分衔接更顺畅、内容更丰满，我们做了如下调整：①按照故事情节的复杂程度由易到难调整了文章的顺序：《大象的耳朵》《蜘蛛开店》《小毛虫》《青蛙卖泥塘》；②为了拓展学生的思维，选择了两篇课外童话作为补充：《奇怪的动物耳朵》《我和小鸟和铃铛》；③将原本独立的课文及语文园地里互不相连的栏目，通过创设"森林动物园招聘小导游"的情境，组成了一个整体："识字加油站""字词句运用""书写提示"与生字教学结合，"我爱阅读"与课外童话的补充结合。

（三）学情分析

1. 生活经验分析

童话是孩子们喜闻乐见的文学形式，而讲故事是非常适合小学低学段学生阅读童话故事的策略。把自己阅读的故事讲得有序、生动，体会到童话人物的情感变化，能帮助学生更好地体会其中蕴含的道理。

2. 基础能力分析

教材在之前的学习要求学生在"了解内容的基础上有自己的感受和想法"，这为本单元学生理解"改变"，为学生产生自己的判断和想法做了铺垫。"借助提示讲故事"的训练，教材从二年级上册开始，就进行了一些有意的安排：《小蝌蚪找妈妈》，引导学生先按顺序把图片连接起来，再借助这些图片叙述"小蝌蚪找妈妈"的故事；《玲玲的画》引导学生用上"得意""伤心""满意"这3个词语讲故事；《风娃娃》《曹冲称象》引导学生借助图片和相关句子较完整地复述故事。由此可见，学生已具备了借助图画顺序、关键词语、关键事件讲故事的能力。

3.学习难点分析

（1）在人文主题"改变"的理解上

通过课前的问卷调查，80%的学生能够说出自己成长中"改变"的事例，但仅有20%的学生对"改变"有自己的体会，需要重点关注。二年级的学生刚刚具有抽象思维能力，所以"改变"这一概念对于二年级的学生而言较为抽象，理解起来有一定的难度。

（2）在语文要素"借助提示讲故事"的落实上

通过课前的问卷调查，62%的同学能够做到借助一定的提示讲故事，可知这是学习的起点；然而38%的同学是照着文本的内容读，或者是凭借对文本的记忆来讲的，没有借助提示，这样导致的直接结果就是讲述的顺序错乱，还遗漏了很多重要的信息，可知这是学生的能力增长点。相比之前的学习，故事的篇幅加长、内涵更加丰富，二年级学生年纪小、认知能力有限，讲故事的时候容易出现偏题、遗漏的现象，因此需要重点关注。

三、单元学习目标

1.通过集中识字、随文识字等方式，自主认识"奋"等51个生字，读准"似"等4个多音字；通过观察汉字结构、占格、关键笔画，会正确、规范书写"安"等33个字，会正确书写33个词语，提升识字写字能力。

2.通过找对话、关键词句、完善或自主绘制示意图的方式，能够梳理故事情节、理清文章脉络，发展提取信息的能力。

3.通过借助多种提示，能够完整地、按照顺序讲述故事，分角色演故事，提升语言运用、思维发展的能力。

4.通过阅读富有思维价值的童话故事，在讲故事中体会改变的含义，说出自己的判断和想法，提升思维发展、审美创造的能力。

四、单元评价任务

评价方式	评价目标	评价任务	评价标准	与单元目标的关系
过程性评价	评价目标1：通过集中识字、随文识字等方式，自主认识"耷"等51个生字，读准"似"等4个多音字，会正确、规范书写"安"等33个字，会正确书写33个词语。	评价任务1：学习字词我最棒。	优秀：能够正确认读51个会认字，读准"似"等4个多音字，并能区分前后鼻音、平翘舌、三拼音节和整体认读音节；能够观察汉字结构、占格、关键笔画，在田字格中正确书写33个会写字，做到工整、美观，注意关键笔画；用三种以上的方法理解词语，比如联系上下文、练习生活实际、做动作、字理识字等方法。 良好：能够正确认读51个会认字；能够在田字格中正确工整、书写33个会写字；能够用一两种方法理解课文中的词语。 加油：能够正确认读51个会认字；能够在田字格中正确书写33个会写字；能够理解课文中的词语。	对应单元目标1
	评价目标2：阅读文本，按照提示，有顺序、完整地讲课文故事。	评价任务2：借助提示我来讲。	优秀：能够正确圈画关键词句、按照故事发展的顺序，能够灵活运用提示，比如运用关键词、人物语言、示意图等，完整、流利、有感情地把故事讲完。 良好：能够按照故事发展的顺序，能够灵活运用提示，比如运用关键词、人物语言、示意图等，完整地把故事讲完。 加油：能够把故事讲完。	对应单元目标2、3

过程性评价	评价目标3：通读文本，按照联系生活经验、分角色朗读等方法，体会到人物的"改变"，说出自己的判断和想法。	评价任务3："改变"看法我来谈。	优秀：知道并能说出文本中小动物的"改变"，并能够通过结合生活经验、分角色朗读等方法有条理地说出自己的判断和想法。 良好：知道并能说出文本中小动物的"改变"，并能够说出自己的判断和想法。 加油：仍需努力才能知道并能说出文本中小动物的"改变"。	对应单元目标4
总结性评价	评价目标4：自由选择童话，利用所学方法，完整地讲述故事，并能表达自己的想法。	评价任务4：故事大王我来当。	优秀：能够灵活选择、运用所学方法，比如运用关键词、人物语言、示意图等方法，按顺序、完整、流利、有感情地讲述所选故事，并能说出自己的想法。 良好：能够灵活选择、运用所学方法，比如运用关键词、人物语言、示意图等方法，按顺序、完整地讲述所选故事，并能说出自己的想法。 加油：能够讲述所选故事。	对应单元目标2、3、4

五、学习过程

（一）单元学习进程一览表

	子任务	课时	活动	学习内容
动物故事PK赛（大任务）	动物故事我来读（单元起始课）	1	动物名字我来认 动物故事我来读 比赛规则初商定	学习单元生字 通读文本 制订单元计划
	动物故事我来讲	8	我帮大象竖耳朵 我帮小蝌蚪开宝店 我帮小青蛙卖泥塘 我帮小毛虫来蜕变	《大象的耳朵》 《蜘蛛开店》 《青蛙卖泥塘》 《小毛虫》
	动物故事我拓展	1	动物故事我反思 动物故事我对比 动物故事我强化 动物故事我延伸	单元小结 拓展阅读
	故事大王我来当	1	评价标准我来定 故事大王我来当	制订标准 故事大赛

（二）单元学习任务分析表

单元学习任务	学习过程	评价任务
单元学习任务一：动物故事我来读（单元起始课）	**任务1：动物名字我来认** 　同学们，欢迎来到森林动物园。（出示大象、蜘蛛、小毛虫、青蛙）你认识他们吗？ 　现在，森林动物园要召开动物故事 pk 大赛啦！同学们需要走进四位小动物的家里，看看在他们家里都发生了怎样有趣的故事吧！ **任务2：动物故事我来读** 　通读本单元的四篇童话故事，了解单元整体内容，通过共读四篇童话故事，体会单元主题"改变"。 **任务3：比赛规则初商定** 　同学们，要想举办这场 pk 大赛，规则少不了，思考如果让你们把刚才的故事讲给别人听，你们应当注意什么呢？ 　学生头脑风暴，师生共同感知本单元，了解单元学习进程，研制单元学习方案，下发"比赛规则制定"邀请函，明确"借助提示讲故事"的具体要求： 　1.借助提示讲故事。 　2.按顺序讲故事。 　3.完整讲故事。	执行评价任务一

单元学习任务二：童话故事我来讲	任务1：我帮大象竖耳朵（学习《大象的耳朵》） 　小导游们，现在我们来到了大象的家里，来看看你能闯过几关吧，记得收集本课的"动物明星卡"哦！ 　1.我闯生字关：学习"耷拉、竖着"，引出课文生字教学。 　2.我闯朗读关：朗读课文，读好问句和大象的语言，读出大象的心理变化。 　3.我闯故事关：借助大象说的三次对话讲故事。 　4.我闯理解关：联系生活实际，说说自己对"别人是别人，我是我"的理解。 　任务2：我帮小蜘蛛开宝店（共读《蜘蛛开店》） 　小导游们，第二站我们来到了蜘蛛的家里，来看看你能闯过几关吧，你能收集到第二张"动物明星卡"吗？ 　1.蜘蛛宝店我做客：学习"寂寞"，引出课文生字教学。初读故事，教学生字，感知故事大意。 　2.蜘蛛宝店我来读：朗读故事，梳理内容，交流故事中什么是变化的、什么是不变的。 　3.蜘蛛宝店我来讲：梳理情节，感悟结构反复，根据示意图，有序讲故事。 　4.蜘蛛宝店我来编：迁移结构，续编故事。 　任务3：我帮小毛虫来蜕变（共读《小毛虫》） 　小导游们，第三站我们来到了小毛虫的家里，来看看你能闯过几关吧，第三张卡片有难度，你准备好了吗？ 　1.和小毛虫一起学生字：以"蝴蝶 小毛虫 昆虫"词串形式引领生字教学。 　2.和小毛虫一起读书：朗读故事，梳理文章内容，交流小毛虫经历的变化。 　3.和小毛虫一起复述：借助词句结合图示讲故事。 　任务4：我帮青蛙卖泥塘（共读《青蛙卖泥塘》） 　共读《青蛙卖泥塘》。 　同学们，第四站我们来到了小青蛙的家里，看看你能闯过几关吧，你有信心得到最后一张卡片吗？ 　1.小青蛙学写字：比较"买、卖"，导出生字教学。 　2.小青蛙学读书：朗读故事，理解内容，交流泥塘的改变。 　3.小青蛙擦亮眼：勾连前文，发现结构特点。 　4.小青蛙演一演：用所学的方法，分角色演一演。 　5.小青蛙来叫卖：学着小青蛙吆喝的样子向别人推荐物品。	执行评价任务二

27

| 单元学习
任务三：
童话故事
我拓展 | 　　同学们，比赛越来越激烈了，你能不能运用刚才所学的方法迎接新的挑战呢？
　　任务1：动物故事我反思
　　1.本单元的故事用了哪些复述方法？选择一篇简要说一说。
　　2.展示自己的"动物明星卡"。
　　任务2：动物故事我对比
　　1.你最喜欢哪种方法？选用这种方法要注意什么？
　　2.借助示意图讲故事，因为理清了故事的发展过程，复述起来比较简单。但如果自己画示意图一定要建立在把故事读通读懂的基础上，不能遗漏一个环节。
　　任务3：动物故事我强化
　　1.复述时还要注意些什么？
　　2.学生交流小结：按照故事发展的顺序复述，要交代清楚故事的主要人物，不能遗漏情节，人物的语言可以根据大意来表达，还可以加上自己的想象。
　　任务4：动物故事我延伸
　　1.对比拓展阅读《奇怪的动物耳朵》《我和小鸟和铃铛》。《月亮姑娘做衣裳》的故事，你想用什么方法讲给爸爸妈妈听？自己尝试着说说看。
　　2.完成阅读卡：<table><tr><th>题目</th><th>主要人物</th><th>几次变化</th><th>提示方法</th><th>精彩语段</th></tr><tr><td>《奇怪的动物耳朵》</td><td></td><td></td><td></td><td></td></tr><tr><td>《我和小鸟和铃铛》</td><td></td><td></td><td></td><td></td></tr><tr><td>《月亮姑娘做衣裳》</td><td></td><td></td><td></td><td></td></tr></table> | 执行评价任务三 |
| 单元学习
任务四：
故事大王
找来当 | 　　同学们，终于来到了比赛的最后一关，加油！
　　任务1：评价标准我来定
　　同学们，现在我们要开展森林动物园故事大赛，你可以自由选择课内外的短小童话故事展示自己的童话故事示意图，注意要借助示意图讲童话故事哦，你认为我们应当制订什么标准呢？
　　1.学生自由回答，说出评价维度。
　　2.每个方面怎么做才是优秀呢？
　　3.师生共同制订标准：（如下表） | 执行评价任务四 |

单元学习任务四：故事大王我来当	项　目	优　秀	良　好	加　油	执行评价任务四
	根据提示讲故事	根据故事的特点：①自由选择一种提示方法；②按照故事发展的顺序；③交代清楚故事的主要人物、不遗漏情节；④还可以加上自己的想象。	讲故事能做到2—3点。	讲故事只能做到1点。	

任务 2：故事大王我来当

各位小导游即将完成最后的闯关，今天我们进行"故事大王"的评比，选出我们班的"故事大王"。

1. 小组合作，组内推荐的"故事大王"进行展示。

2. 全班进行展示评比，并说明理由。

3. 对没有获得"故事大王"的同学题出简单的建议，人人争当"故事大王"。

小结：

1. 通过本单元的学习，相信你一定已经理解了每个小动物的"改变"，也掌握了"借助提示讲故事"，快数一数你一共闯过了几关吧！

2. 根据"动物明星卡"和"故事大王"评选"森林动物园小导游"。

（三）作业与检测

根据本单元的学习目标和任务进行作业布置和学习成果检测。具体问题具体分析，教师根据学生情况酌情处理。这里不做赘述了。

（四）学后反思

本单元做得比较好的地方还有：任务群驱动和结构化实施，利用情景打通课内课外。首先单元任务的设置紧扣目标，以大任务"森林动物PK赛"为总领，三个子任务"动物故事我来讲""动物故事我拓展""故事大王我来当" 呈现出层层递进的关系。学生先读故事，再根据示意图讲故事，再将课内知识迁移到课外，最后综合运用评选出"故事大王"。通过任务群驱动的结构化实施，搭建了学生经验生活与核心素养之间的桥梁。此外，本单元利用情景打通课内课外。学习伊始，大情境"森林动物 PK 赛"便吸引了学生的兴趣，为学生提供了体验实践、感悟问题的情境，激活了学生原有的生活经验和语言基础，并用来分析和解决当前问题。"故事大王"的情境使学生能够将课内知识迁移至课外，在真实的情境中学语文、用语文，实现由读到讲、到演再到编的跨越式发展，充分培养了学生语言运用、思维发展、和审美创造能力，最终实现了"语文育人"目的。但同时本单元在实施的过程中也遇到了一些问题，比如教师评价语重复等，在今后的教学中应当进行规避。

六、学习资源

多媒体课件、任务单、补充文本等。

七、本学习任务群设计思维导图

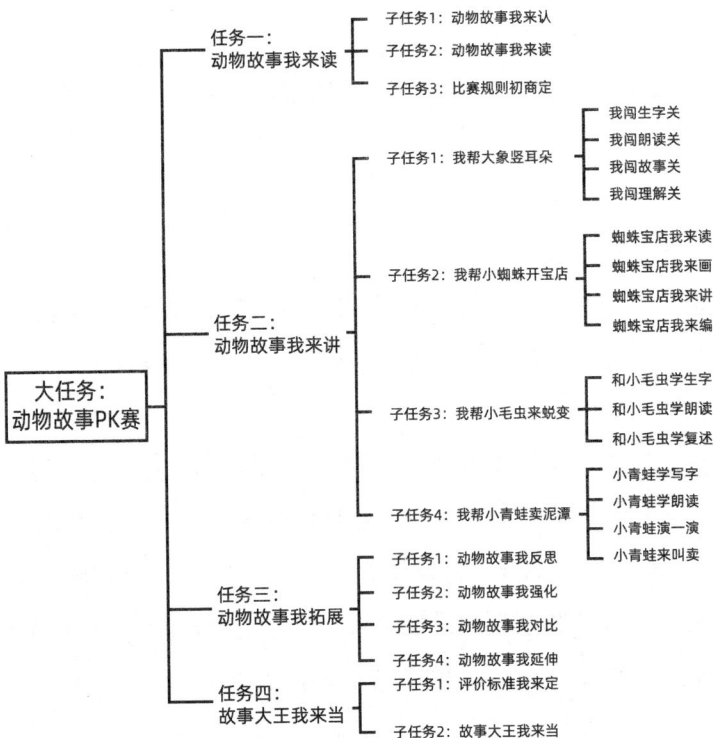

部编版小学语文三年级上学期"童话故事"大单元教学设计

一、单元基本信息

单元主题	童话故事	学　科	语文
课程类型	国家课程	单元课时	10
实施时间	10.20—10.30	实施对象	三年级（1）班
班级人数	40	核心素养	语言运用、思维能力 审美创造、文化自信

二、单元背景分析

（一）课程标准分析

1. 课标陈述

（1）总目标

积极观察，感知生活，发展联想和想象，激发创造潜能，丰富语言经验，培养语言直觉，提高语言表现力和创造力，提高形象思维能力。

——《义务教育语文课程标准》（2022版）课程总目标第6条

（2）学段目标

能复述叙事性作品的大意，初步感受作品中生动的形象和优美的语言，关心作品中人物的命运和喜怒哀乐，与他人交流自己的阅读感受。

——《义务教育语文课程标准》（2022版）第二学段阅读与鉴赏第4条

观察周围世界，能不拘形式地写下自己的见闻、感受和想象，注意把自己觉得新奇有趣或印象最深、最受感动的内容写清楚。

——《义务教育语文课程标准》（2022版）第二学段表达与交流第4条

（3）发展型学习任务群

阅读富有想象力和表现力的儿童文学作品，欣赏富有童趣的寓言与形象，感受纯真美好的童心，学习用口头或者图文结合的方式创编儿童诗和有趣的故事，发展想象力。

——《义务教育语文课程标准》（2022版）文学阅读与创意表达第二学段

（4）学业质量

喜爱阅读童话、寓言、神话等，在阅读过程中能够提取主要信息，借助阅读经验和生活经验预测情节发展；能按照童话、寓言等文体样式，运用联想、想象续讲或续写故事。

2. 课标分析

（1）童话：童话是儿童文学体裁之一，经过想象、幻想和夸张等编写而成适于儿童看的故事。浅显生动，多作拟人化描写，以适合儿童心理的方式反映自然和人生，达到教育的目的。

（2）感受：在语文教学中指接触文本而产生的体会与感想，是语文学习中具有普遍意义的心理意识活动，是学习者对语文材料的积极反应，如"谈一谈""演一演""读一读"等课堂表现形式。

（3）想象：是一种特殊的思维形式，是人在头脑里对已储存的表象进行加工改造形成新形象的心理过程。在语文教学中发挥想象，在头脑中形成新的事物，从而开发更多的表象资源，发挥想象能力，同时在这个过程中，感受创造的快乐和乐趣。可以使人们在脑海中再现事物的形象，还可以创造新形象，有助于提高阅读能力。

综上分析，可以看出本单元欲让学生围绕"童话故事"在如下三个层面得到长足发展。第一层面：通过阅读童话，欣赏富有童趣的语言和形象，感受童话故事丰富而奇特的想象，了解童话的特点，发展想象能力。第二层面：结合童话的特点，展开想象，创编童话，分享童话，发展审美创造能力。第三层面：通过读童话，编童话，使学生产生对真善美的追求。

（二）教材分析

1.部编教材有关"童话"的阅读要素分析

册　序	单　元	阅读训练要素
三上	第三单元	感受童话丰富的想象。
四下	第八单元	感受童话的奇妙，体会人物真善美的形象。

本单元的阅读要素"感受童话丰富的想象"。"童话"作为文学体裁的一种，它通过丰富的想象、幻想和夸张来编写适合于儿童欣赏的故事，其语言通俗生动，故事情节离奇曲折，常常采用拟人的手法，赋予鸟兽虫鱼、花草树木等生命，使其拥有人的思想感情。这类文学作品在我们的部编教科书编排中，尤其是第一、二学段，占据了一定的比例，如《棉花姑娘》《纸船和风筝》《蜘蛛开店》《青蛙卖泥塘》等童话故事。但作为单元整组出现的形式，教材均安排在了第二学段，除了在三年级上册的第三单元的人文主题为"童话世界"的单元中学习，还在四年级下册第八单元的"中外经典童话"单元中学习。本单元在低学段童话学习的基础上，统整了童话的特点，建立了对童话这种文学体裁的初步认识，为四年级下册的"中外经典童话"的学习打下了基础。

2.部编教材"想象"表达训练要素分析

册　序	单　元	表达训练要素
一下	第七单元	展开想象，能选择几个词语说几句话。
二上	第七单元	观察图片，展开想象，续编故事。
三上	第三单元	试着自己编童话，写童话。
三下	第五单元	发挥想象写故事，创造自己的想象的世界。
三下	第八单元	根据提示，展开想象，尝试编童话故事。
四上	第四单元	展开想象写一个故事。
五上	第六单元	按自己的想法新编故事。
五下	第六单元	根据情境编故事，把事物发展变化的过程写具体。
六上	第一单元	习作时发挥想象，把重点部分写详细。
六上	第四单元	发挥想象，创编生活故事。
六下	第五单元	展开想象，写科幻故事。

本单元习作要素为"试着自己编童话，写童话"。从读童话到写童话，阅读铺路，读与写密切结合，旨在激发学生写童话的兴趣。纵观小学阶

段有关"想象"的习作要求，三年级要求结合以往的阅读经验，尝试编写童话故事，四年级则侧重于故事新编，要求结合原有的情境和人物，改编神话故事。五年级要求根据情境编故事，把过程写具体。六年级则重在创编生活故事，增强了语文与生活的联系。这样的习作安排体现了从尝试编写故事到创编故事的进阶。三年级的学习重点围绕童话文体编写，为中高学段学习建基搭桥，让学生爱想、敢想，进一步能想、会想。同时，想象类习作贯穿小学阶段始终，难度与要求逐步提高，体现了从单纯的关注故事到注意谋篇布局的转变，在强化整体性的同时凸显了阶段性。

　　3.学习内容分析

项　目	具体内容	目　的
单元导语	人文主题：童话世界	了解童话，感受童话的真善美。
	语文要素：感受童话丰富的想象；试着自己编童话，写童话。	感受童话想象丰富的特点，能够读懂童话带来的启示，学会自己编童话，写童话。
课文	《卖火柴的小女孩》 《那一定会很好》 《在牛肚子里旅行》 《一块奶酪》	《卖火柴的小女孩》侧重展开想象，理解小女孩每次擦燃火柴看到的幻想表达了她怎样的愿望。 《那一定会很好》则是围绕故事情节，结合插图及生活经验，想象主人公在每段历程中的心理活动。 《在牛肚子里旅行》是借助关键语句，通过分角色朗读，边读边想象故事情境，再通过讲故事进一步感受童话丰富的想象。 《一块奶酪》围绕蚂蚁队长的心理变化展开想象，感受蚂蚁队长的形象。
习作	我来编童话	能借助教材提示的内容，发挥想象，编写童话故事；能尝试运用改正、增补、删除的修改符号，自主修改习作，初步形成修改习作的意识，能给习作加题目。

语文园地	交流平台	能结合自己的阅读体验，梳理、总结童话的特点及阅读童话的好处。
	识字加油站	能运用减一减的方法，认识"申、介"等7个生字。
	词句段运用	能了解3组带口字旁的字不同的字义特点；能了解改正、增补、删除三种修改符号的用法，并在修改自己的习作时尝试使用。
	日积月累	朗读背诵关于"理"的3条谚语。
快乐读书吧	在那奇妙的王国里	能产生阅读《安徒生童话》《稻草人》《格林童话》的兴趣，自主阅读3本童话集，了解故事内容；能边读边想象，感受童话的奇妙；能把自己融入故事中，设身处地、感同身受地阅读童话；能感受课外阅读的快乐，乐于与大家分享课外阅读的成果。

　　本单元包括四篇阅读文本。四篇文本，可以让学生充分体会童话文体的特点，在激发阅读兴趣的同时，使学生产生尝试创造童话的欲望，读写的迁移就成为学生学习的内在需要。语文园地中"交流平台"，是对童话阅读经验小结、梳理的平台，同时是童话阅读延续、拓展、分享的平台，它的作用是在单元文本阅读（课文）与课外阅读（快乐读书吧）之间的一个过渡和联结。学生如何感受童话丰富的想象呢？《卖火柴的小女孩》一文中，学生可以通过表格或阶梯总结小女孩五次擦燃火柴看到的幻象和表达了她怎样的愿望。接下来对《那一定会很好》的阅读，既要在《卖火柴的小女孩》学习基础上自主体验童话的丰富想象，又要从故事情节的丰富性感受童话丰富的想象。《在牛肚子里旅行》的情节不仅丰富曲折，而且十分惊险，丰富的想象带来新的、更有意思的阅读体验。对《一块奶酪》的阅读，使学生经由想象的濡染，发挥自己的想象进入角色体验中，在接下来的四年级下册第八单元"童话之美"的学

习中，学生将在此基础上感受童话的奇妙，体会人物真善美的形象。

习作和语文园地中的"交流平台"、快乐读书吧，都聚焦"丰富的想象"。每篇文本前面的导读和后面的思考题，几乎都聚焦了对童话故事情节的把握。从《卖火柴的小女孩》要求"与同学交流印象深刻的部分"，到《那一定会很好》要求理清"它经过了一段怎样的历程"，再到《在牛肚子里旅行》要求"画出它在牛肚子里旅行的线路，再把这个故事讲给别人听"……这都是在为"试着自己编童话，写童话"做准备。

（三）学情分析

1. 生活经验分析

童话是学生非常感兴趣的文学体裁，伴随学生的童年。小学中段学生性格活泼，充满想象力和好奇心。这一学段的儿童对于童话有十足的兴趣，童话对于这一学段的儿童也有十足的教育作用与价值。

2. 基础能力分析

三年级学生已经接触了不少童话，二（上）第八单元和二（下）第七单元还专门安排了童话单元，学生对童话这一体裁已有一定的感性认识。学生经过"展开想象""想象画面""把想象的内容写下来"的梯度培养，想象力非常丰富，甚至有点天马行空之感，对童话有一种喜欢和认同。

3. 学习难点分析

三年级的学生虽然在第一学段对童话已经有了初步的感知，但对这类文学体裁的认识感知还需要建立在进一步的学习体会之中。童话"丰富而奇特的想象"还需要老师引导学生去感受。

在小学阶段，随着年级的增长，学生想象的有意性和目的性逐渐增强，因此，可以根据教学内容的需要适当地设计想象类任务，引领学生从听、说、读、写、演五个方面的言语实践，进一步感知童话中蕴含的丰富想象，梳理总结童话的特点。

三年级处于写作的起步阶段，本单元要尝试练习编童话，写童话。虽然他们在童话阅读方面有所积累，但是对童话的感受力不够深刻，所以存在一定的难度。依据三年级小学生的学情，本单元目标遵循以读促写的理念，要在教学中融入童趣，结合童话中的人物、故事、情节，展现童话课堂的趣味与活力，帮助学生从单元童话阅读转向习作表达，实现读写迁移。

三、单元组织中心

本单元以任务群的方式组织教学，本单元的阅读要素"感受童话丰富的想象"。三年级的学生对童话已经有了一定的感性认识，但缺乏有意识、有目的地想象，而本单元习作要素是"试着自己编童话，写童话"。三年级处于写作的起步阶段，如何遵循以读促写的理念，帮助学生从单元童话阅读转向习作表达呢？这就需要创设大任务来实现读写迁移。通过"童话王国旅行记"这一大任务的创设，搭建学生经验生活与童话学习的桥梁。在任务群驱动、结构化实施的过程中，学生充分体会童话文体的特点，激发阅读兴趣；同时"童话故事分享会"为学生搭设实践活动平台，使学生产生尝试创造童话的欲望，最终能够将课内知识迁移至课外，实现由读到写的跨越式发展。

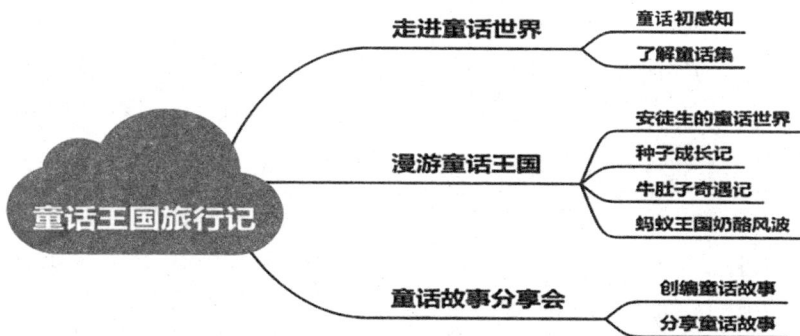

四、单元学习目标

1.阅读文本，通过梳理一波三折的故事情节，总结出童话故事富有想象力的特点。

2.阅读文本，通过对故事中角色的评价，概括出童话能给予人们真善美启示的特点。

3.结合童话特点，展开想象，口头续编故事，提升想象能力和对真善美的追求。

4.发挥想象，运用童话特点，书面创编童话故事，并能运用三种修改符号自主修改习作。

五、单元评价

（一）单元评价任务表

课 时	评价任务	执行时间	备 注
课时1	评价任务1：童话故事初感知	学习活动1-2	课时评价
	评价任务1：单元进程我了解	学习活动3-1	课时评价
课时2—3	评价任务1：初读剧本理剧情	学习活动1-2	课时评价
	评价任务2：再读剧本悟心情	学习活动2-2	课时评价
	评价任务2：三读剧本说启示	学习活动3-1	课时评价
	评价任务2：四读剧本讲故事	学习活动4-2	单元评价A
课时4	评价任务1：展丰富想象，讲种子故事	学习活动4-1	单元评价A
	评价任务2：理种子一生，评种子形象	学习活动4-3	单元评价B
课时5—6	评价任务1：红头历险我来讲	学习活动1-2	单元评价A
	评价任务2：历险启示我总结	学习活动2-3	单元评价B
	评价任务3：历险故事我来编	学习活动3-1	单元评价C
	评价任务4：珍贵友谊我体会	学习活动3-2	课时评价
课时7—8	评价任务1：蚂蚁故事初感知	学习活动1-1	课时评价
	评价任务2：蚂蚁故事我来讲	学习活动1-2	单元评价A
	评价任务3：蚂蚁队长我评价	学习活动2-2	单元评价B
	评价任务3：童话故事我分享	学习活动3-2	单元评价C
课时9—10	评价任务1：细化指导，写清故事	学习活动3-2	单元评价D
	评价任务2：运用符号，修改习作	学习活动4-1	课时评价

评价任务说明：

评价任务 A：讲童话故事。

评价目标：阅读文本，通过梳理一波三折的故事情节变化，总结出童话故事富有想象力的特点。

任务描述：同学们，请你阅读以下童话故事，尝试借助表格、插图、流程图、路线图等方法梳理故事情节，同桌相互复述印象深刻的、有趣的故事情节，并讨论交流感受到的童话的特点。

评价量规：

评价要点	等级描述	评价等级
讲童话故事	1.能根据文本特点，按一定的方法梳理故事情节。 2.能清楚、完整地复述印象深刻的情节。 3.能准确说出体会到的童话具有丰富想象力的特点。	等级A （优秀）
	1.能够根据文本特点，按一定的方法梳理故事情节。 2.能复述印象深刻的情节。 3.能说出童话具有丰富想象力的特点。	等级B （合格）
	1.能够根据文本特点，按一定的方法梳理故事情节。 2.复述故事情节有困难。 3.能说出童话具有丰富想象力的特点。	等级C （待改进）

评价任务 B: 评童话人物。

评价目标：阅读文本，通过对故事中角色的评价，概括出童话能给予人们真善美启示的特点。

任务描述：阅读童话故事，画出并品读故事中角色的动作、语言、神态的词句，简单评价故事中的人物，并说出从中感受到的童话特点。

评价量规：

评价要点	等级描述	评价等级
评童话人物	1.能准确找出文中不同角色动作、语言、神态的语句。 2.能准确评价故事中的人物特点。 3.能准确总结出童话给人的启示。	等级A （优秀）
	1.能找出文中不同角色动作、语言、神态的语句。 2.能评价故事中的人物特点。 3.能总结出童话给人的启示。	等级B （合格）
	1.能找出文中不同角色动作、语言、神态的语句。 2.不能准确评价故事中的人物特点。 3.不能准确总结出童话给人的启示。	等级C （待改进）

评价任务 C: 口头创编童话故事。

评价目标：结合童话特点，展开想象，口头续编故事，提升想象能力和对真善美的追求。

任务描述：请根据童话"想象丰富、给人启示"的特点，结合文章人物，口头续编故事，并和好朋友分享。

评价量规：

口头创编评价量规				
评价维度	评价指标	等级描述		
		优　秀	良　好	需努力
把故事 说清楚	说清楚	能够按照故事发展的顺序，把起因、经过、结果说清楚。	能够按情节发展的顺序，把故事的起因、经过、结果大体说出来。	不能按照情节发展的顺序，故事的起因、经过、结果描写不完整。
丰富的 想象	拟人化 的角色	能够把童话故事中的角色当作人来说，能够综合运用语言、动作、外貌、神态等细节描写，说出人物鲜活的状态。	能够把童话故事中的角色当作人来说，有一定的人类的语言、动作描写。	不能把童话当中的角色当人来说。
	一波三折 的情节	故事充满想象，有许多奇特的情节，故事情节曲折、生动。	故事有一定的想象，情节比较平淡。	故事想象不合理。
带给人 启示	启示	创编的童话故事能带给读者启示，并能体现对真善美的追求。	创编的童话故事能够带给读者一定的启示，对真善美的追求不强烈。	创编的童话故事不能带给读者启示，或启示不明确。不能体现出对真善美的追求。

评价任务 D：书面创编童话故事。

评价目标：发挥想象。运用童话特点，书面创编童话故事，并能运用三种修改符号自主修改习作。

任务描述：亲爱的同学们，童话故事之所以迷人，主要归功于童话丰富的想象。插上想象的翅膀，我们也可以编出奇妙的童话故事。在创编童话时，你的脑海中呈现出怎样的画面？请你理清思路，想一想你的童话故事中都有什么角色，他们在哪里发生了什么样的有趣的故事，这个故事可以带给我们什么启示？请发挥想象，把这个故事写清楚吧。

评价量规：

习作评价量规				
评价维度	评价指标	等级描述		
		优秀	良好	需努力
把故事写清楚	写清楚	能够按照故事发展的顺序，把起因、经过、结果写清楚，并把故事写完整。	能够按照情节发展的顺序，把故事的起因、经过、结果大体写出来。	不能按照情节发展的顺序，故事的起因、经过、结果描写不完整。
丰富的想象	拟人化的角色	能够把童话故事中的角色当作人来写，能够综合运用语言、动作、外貌、神态等细节描写，写出人物鲜活的状态。	能够把童话故事中的角色当作人来写，有一定的人类的语言、动作描写。	不能把童话当中的角色当人来写。
	一波三折的情节	故事充满想象，有许多奇特的情节，故事情节曲折、生动。	故事有一定的想象，情节比较平淡。	故事想象不合理。
带给人启示	启示	创编的童话故事能带给读者启示，并能体现对真善美的追求。	创编的童话故事能够带给读者一定的启示，对真善美的追求不强烈。	创编的童话故事不能带给读者启示，或启示不明确。不能体现出对真善美的追求。
修改习作	修改符号	能够熟练运用改正、增补、删除等修改符号，正确修改自己的童话故事。	能够运用改正、增补、删除等修改符号，修改一部分童话故事中的句子。	不会运用改正、增补、删除等修改符号修改自己的童话故事。

部编版小学语文四年级下册《小英雄雨来》逆向教学设计

一、学习目标的设计

（一）课标内容陈述及分析

选自 2011 版《语文课程标准》第二学段（二）阅读"4.能初步把握文章的主要内容"。

"把握文章主要内容"在小学语文阅读能力中属于分析概括能力，在它的训练形成过程中，提取信息的能力、做出解释的能力和整体把握的能力都得到培养和形成。

在课标第二学段初次提出了"能初步把握文章主要内容"。也说明小学中段是开始学习并训练此能力的重要阶段。在三年级上册学过借助关键语句理解一段话的意思，学习带着问题默读，理解课文意思。三年级下册学过围绕一个意思把一段话写清楚，借助关键语句概括一段话的大意。由此可见，三年级重点学习用各种方法把握一段话主要内容。从四年级上册开始，有计划地安排把握文章主要内容的训练，教给学生简单的、把握文章主要内容的方法。四年级上册第四单元的导语就提出"了解故事的起因、经过、结果，学习把握文章的主要内容"，要求在这个单元复述故事的过程中，学习把握文章主要内容。在第七单元的导语中明确提出："关注人物和事件，学习把握文章的主要内容"的学习要求。并在该单元课文《为中华之崛起而读书》课后思考练习题设计了"默读课文，想想课文讲了哪几件事，再连起来说说课文的主要内容"的训练。

最后在本单元的"交流平台"，以对话的形式，对把握文章的方法作了初步地归纳总结：1.题目有时能提示文章的主要内容；2.理清事情的因果关系也能帮助把握文章的主要内容；3.有的文章不止写一件事，可以先概括每一件事，然后把几件事连起来，就能把握文章的主要内容了。四年级下册开始学习把握长文章的主要内容。

第三学段到了六年级上册第八单元的"交流平台"，对小学阶段学习"把握文章的主要内容"的意义和方法作了最后的归纳总结：1.阅读文章，要注意把握文章的主要内容；2.文章的题目有时能提示文章的主要内容，关键句对了解主要内容也有帮助；3.可以通过理清事情的因果关系来把握主要内容；4.一般来讲，了解了文章每个部分主要讲什么，再把各个部分的主要意思连起来，就能把握主要内容；5.不同的文章有不同的方法，要灵活运用。这也预示着对于六年级下册的学习，学生应该达到"把握文章主要内容"这个终极教学目标，即形成独立把握文章主要内容的能力。

部编教科书关于"把握文章主要内容"能力学习训练安排，纵向线索清楚，由易到难，稳步促进学生把握文章主要内容能力的形成和提升。那什么是"主要内容"？"把握文章主要内容"的方法是什么？通过对几个"交流平台"内容的归纳小结，可以得出以下几点认识：1.有的题目可以提示主要内容；2.关键句也可以帮助了解主要内容；3.通过理清事情的因果关系能把握文章的主要内容；4.一般来讲，把握文章主要内容的方法是了解文章每个部分主要讲的是什么，再把各个部分的主要意思连起来；5.文章的主要内容指的是各部分意思连起来的那段话。

综上所述，我选择四年级下册《小英雄雨来》进行逆向教学设计，来达成"初步把握文章主要内容"这一课标要求，以期在本课学习中该语文素养能得到提升和发展。

（二）所选教材分析

1.单元分析

本单元的语文要素是"学习把握长文章的主要内容"。关于把握课文主要内容的阅读要求，四年级上册提出了"了解故事起因经过结果"

和"关注主要人物和事件"的方法，本单元"把握长文章主要内容"较之前所学又有提升，把握长文章的主要内容不仅要了解起因、经过、结果，还要关注主要人物和事件。三篇课文用不同方式把文章分成几个部分。《小英雄雨来》用序号表示每个部分，《我们家的男子汉》用小标题表示，《芦花鞋》用空行的方式表示。三篇课文在课后题和学习提示中都提出了用列小标题的方法把握文章主要内容的阅读要求，提示了把握长文章主要内容的方法。交流平台紧扣语文要素，梳理了把握长文章主要内容的方法。

2. 文本分析

这篇课文节选自作家管桦写的同名中篇小说，讲的是在抗日战争时期，晋察冀边区的少年雨来，聪明勇敢，游泳本领高强，为了掩护革命干部，机智地同敌人做斗争的故事。本文的故事情节紧凑而又丰富多彩、跌宕起伏、故事性强、引人入胜，将一位热爱祖国、不畏强敌的少年英雄展现在读者面前。围绕这一主题，课文用序号的方式分六个部分叙述。分别是：游泳本领高、上夜校读书、掩护交通员、和鬼子做斗争、人们以为雨来牺牲了、雨来没有死。本文内容较长，要引导学生逐步把握长文章阅读的方法。

（三）学生学习能力及学情分析

1. 学生语文能力分析

通过第一、二学段的学习，学生已经具备了识字与写字能力、朗读能力、浅层阅读理解能力（理解词句段能力、分析能力、表达能力、初步的分析能力、默读能力）。概括一般文章主要内容有一定基础。"把握文章主要内容"的过程，涉及理解词句能力、理解句段能力、概括能力的培养习得，涉及思维的训练和思维力的培养，涉及通顺连贯的表达能力的培养习得。学生水平很可能良莠不齐。深层次的阅读理解能力（概括能力、连贯通顺的表达能力）还需要在阅读中进一步提升。

2. 把握长文章主要内容的能力分析

学生初次接触"把握长文章内容"，难免有畏难情绪。列小标题的方法，学生也是初次详细学习（教参"学生初次列小标题"）。因此，进行"把握长文章主要内容"的教学，不能只要学生把握主要内容的结果，更要让学生亲历把握文章主要内容的过程。从释题开始，然后粗知文章大意，接着理解各部分内容并概括各部分主要意思，最后把各部分主要意思连起来成为一段通顺连贯的话。通过这样一个阅读理解、概括串联、交流汇报、说理争辩的过程，学生才能得到理解词句能力、理解句段能力、概括能力和表达能力的训练培养，才能逐步实现对长文章主要内容的把握。

（四）得出本课核心目标

阅读文本，运用串联小标题的方法初步学习概括长文章的主要内容。

核心内容	行为动词	行为条件	行为程度
运用列小标题的方法概括长文章的主要内容	学习	阅读文本	初步

（五）分解目标，确定层级目标

层级目标	行为动词	行为条件	行为程度
课文内容 长文章的形式特点	感知 认知	快速默读全文	初步
每一部分的主要内容 小标题	边读边想 瞻前顾后 概括 提炼	根据泡泡语的提示 照样子	简要 合理
课文的主要内容	说一说 连起来	根据小标题 每一部分主要意思	通顺连贯

（六）学习目标的叙写

1.通过快速默读课文，能初步感知课文形式特点。

2.通过默读课文，根据泡泡语的提示，边读边想，能简要概括每部分的主要内容，并提炼合理的小标题。

3.通过借助小标题和主要意思串联的方法，通顺连贯地概述整篇课文的主要内容。

二、评价任务的设计

（一）评价任务的设计

1.读题目，粗感知。

初探长文章该如何概括主要内容。

理解课题，质疑课题：看到课题后，你想知道什么？这篇文章与以前课文相比有什么特点？这么长的文章你会概括它的主要内容吗？

2.忆方法，借提示。

思考课文围绕小英雄雨来写了哪几件事？回顾以往的概括文章主要内容的方法有哪些？简要说说每一部分都写了什么内容？文章内容还是不够简略怎么办？尝试提炼小标题。

3.排顺序，连一连。

长文章的主要内容我来说。你能为打乱顺序的小标题排序吗？思考各部分内容的内在联系。试着用把小标题连一连的办法说说主要内容，注意做到通顺连贯。总结概括长文章主要内容的方法。

（二）评价标准设计

评价任务	评价标准		
	优秀	良好	加油
任务一	知道"文章题目能够提示课文主要内容"的方法；能通过理解课题、质疑课题，提出与课文主要内容相关的关键问题；能发现文章很长的特点，知道序号标识每部分是章节小说的内容结构特征，并能积极思考如何概括主要内容。	知道"文章题目能够提示课文主要内容"的方法；能理解课题，提出一些直观的问题；能找出序号标识，能发现文章很长的特点。	方法生疏；提问随意；能发现文章很长的特点。
任务二	回顾旧知，对概括方法说得全面；能简要概括每部分内容；能积极思考如何使概括内容更简洁；能发现例子的特点；对两部分内容概括以雨来为主体；能照样子列标题，能用不同形式列小标题。	能说出一些方法；能概括出来但不够简要；能发现例子的一部分特点；能基本列出小标题。	对概括方法生疏；概括内容时心中无方法；只能通过别人说出特点，自己不能发现；能列出一两个小标题。
任务三	能迅速排序，并能表达出为什么是这样的顺序；能通顺连贯地说出文章的主要内容；能总结概括长文章主要内容的方法。	能排序，能理解，但不能表达；多尝试训练几次能通顺连贯地说出文章的主要内容。	仅能排序；在小组多次训练才能说出主要内容。

三、学习活动设计

环　节	学生活动	教师引导	目　标
环节一： 导入新课	1.介绍作者及创作背景 2.检查生字词	引导学生展示搜集的资料，并总结。 齐读指读生词，分类指导读写。	
环节二： 从题目入手，快速默读课文，初步感知课文主要内容，认知长文章的特点。	1. 读题目，想问题，说一说雨来为什么是小英雄？初探长文章该如何概括主要内容？ （1）理解课题： 小：指的是雨来的年龄小，是一个少年。 英雄：指的是雨来的特点。 雨来：课文中的主人公。 课题表现出文章的中心：英雄 （2）质疑课题：看到课题后，你想知道什么？(为什么称雨来是小英雄？)(从课文中的哪些地方可以看出雨来是一位小英雄？) （3）快速默读课文初步感知内容。 （4）这篇文章与以前课文相比有什么特点？课文分为几个部分？你是怎么发现的？ （5）这么长的文章你会概括它的主要内容吗？	引导学生回顾"文章题目有时可以提示文章主要内容"的方法。 积极评价学生提出的问题。肯定学生的思考。 引导学生带着问题快速默读，感知文章主要内容。 引导学生发现长文章，并初步思考如何概括主要内容？	目标1

环节三：自主阅读，简要概括每部分的主要内容？尝试提炼小标题。	2. 忆方法，借提示，思考课文围绕小英雄雨来写了哪几件事？ （1）回顾以往，概括文章主要内容的方法有哪些？泡泡语提示我们怎样阅读？ （2）简要说说每一部分都写了什么内容？ 3. 照样子，列标题，各种形式都可以。 （1）根据课后第二题的例子，说说两个小标题有什么特点？ （2）三至六部分的主要内容已经列出，小组合作尝试提炼小标题。 （3）全班交流不同形式的小标题。	引导回顾以前所学的概括文章主要内容的方法。 提示学生关注两处泡泡语。 及时评价总结学生概括情况，并让学生说说概括方法。 引导学生关注课后题范例。 根据学生回答总结范例特点。 对于不同形式的小标题，只要能基本概括主要内容都进行积极评价。	目标2
环节四：通顺连贯的说说课文主要内容。	4. 排顺序，连一连，说说课文主要内容。 （1）为打乱顺序的小标题排序，思考各部分内容的内在联系。说一说为什么这样排序？ （2）小组合作，试着把小标题连一连的办法说说主要内容，注意做到通顺连贯。	巡视引导帮助所有学生亲历概括串联，交流汇报，说理争辩从而达到会说课文主要内容的过程。	目标3

部编版小学语文五年级上册"民间故事"大单元教学设计

一、单元基本信息

单元主题	民间故事	学　科	语文
所属领域	阅读	适用年级	五年级上
单元课时	10	设计者	李敬卫

二、单元背景分析

（一）课程标准分析

1. 课标陈述

能复述叙事性作品的大意，初步感受作品中生动的形象和优美的语言，关心作品中人物的命运和喜怒哀乐，与他人交流自己的阅读感受。

——《义务教育语文课程标准》（2022版）第二学段阅读与鉴赏第4条

2. 课标初步分析

复述：是一种促进陈述性知识学习的策略，要求用自己的话把故事的内容讲出来，它不同于背诵课文，也不是概括主要内容。"复述"字典上解释为"语文教学上指学生把读物的内容用自己的话说出来，是教学方法之一"。

创造性地复述：①努力创新的思想和表现；②属于创新的性质。"创造性地复述"就是"有所创新地把原文内容用自己的话讲出来"。

课标深入分析: 结合课标初步分析,联系本单元人文主题和语文要素,可以得出本单元欲引导学生围绕"民间故事"这一主题在如下三个层面有长足发展。第一层面: 借助文本, 学习创造性复述的方法 (借助提示完整复述、展开想象、变换情节、转换口吻等方法)。第二层面: 能依据单元主题, 改编民间故事, 在语言实践中提高思维能力和表达能力。第三次层面: 通过创造性复述改编民间故事, 感受民间故事的奇妙之处, 传承中华优秀传统文化。

（二）教材分析

1.复述领域各年级关键语文要素分析

册　次	语文要素	复述方法	课文内容	文章分类
三下	了解故事的主要内容,复述故事。	借助表格图示复述,按顺序,不遗漏。	《方帽子店》《漏》《枣核》	趣味故事
四上	了解故事内容, 简要复述课文。	抓住课文主要内容复述, 按事情发展顺序, 不遗漏。	《西门豹治邺》《扁鹊治病》《纪昌学射》	历史人物故事
五上	了解课文内容, 创造性地复述故事。	创造性复述, 把自己设想成故事中的人物, 大胆想象增加合理的故事情节, 变换情节顺序设置悬念。	《猎人海力布》《牛郎织女》	民间故事
六下	学习写作品梗概。	读懂内容, 把握脉络; 筛选概括, 合并成段; 锤炼语言, 连贯表达。	《鲁滨孙漂流记》《骑鹅旅行记》《汤姆索亚历险记》	世界名著

2.单元语文要素分析

本单元的阅读要素是"了解课文内容, 创造性地复述故事"。"复述"在小学段的发展脉络: 第一阶段, 借助各种提示来讲故事, 要求能借助提示, 按顺序来进行完整的讲述; 第二学段, 详细复述和简要复述, 要求在了解课文内容基础上进行复述，在复述故事的细节和概括故事的能力方面有了更高要求；第三学段，创造性的复述，要求学生在了解课文的基础上，创造性地模仿原文的遣词造句，并谋篇布局来进行复述。五年级开始学习创造性复述，创造性复述主要是聚焦语言思维，将故事讲得更生动。从学习内容上看，从低年级的趣味故事、历史人物故事的复述，再到高年级的民间故事的创造性复述，是由易到难的。整体看来小学阶段的复述，依据儿童语言能力发展特点，是一个逐步进阶，由浅入深，螺旋上升的过程。

3. 单元人文主题分析

民间故事是以广阔的社会生活为背景，通过人们丰富的想象，以鲜明的人物形象、完整曲折的情节反映现实生活和人民愿望的口头文学作品。它是不同于神话传说、历史故事等其他形式的故事，更适合学生学习创造性复述故事。

文学形式	民间故事	神话传说
含义	民间故事从广义上讲，是劳动人民创作并传播的、具有虚构内容的散文形式的口头文学作品。	神话传说，是民间传说中不可思议或超自然故事的统称。
主要区别和特点	内容上：是生活化的，神奇的幻想较少，情节按照现实的逻辑来构想，内含人间的行为准则，现实性强。	内容上：充满神奇荒诞的幻想，情节是超人间化的，具有明显的非理性神异色彩，幻想性强。
	出现时间：晚	出现时间：早
	主角：人	主角：神
经典举例	《牛郎织女》《哪吒闹海》《梁山伯与祝英台》《白蛇传》	《女娲造人》《夸父逐日》《嫦娥奔月》《盘古开天地》《女娲补天》

4. 单元整体分析

本单元选编了《猎人海力布》《牛郎织女》两个世代相传的民间故事；"口语交际"安排了讲民间故事活动；"快乐读书吧"推荐了中外

民间故事，拓展阅读。民间故事在呈现形式上比较丰富。这两个民间故事是在口耳相传的过程中逐渐丰富、发展起来的，每个人既可以是听众，又可以是创作者，学生在创造性复述过程中可以给民间故事"添油加醋"从而体会民间故事的独特魅力。创造性复述的方法，在课后题、"语文园地词句段运用"中有练习，"交流平台"中集中梳理了复述的基本方法，如把自己设想成故事中的人物，大胆想象增加合理的故事情节，变换情节顺序设置悬念。

（三）学情分析

1. 生活经验分析

本单元以"有趣的故事"为主题，讲故事对于学生来说并不陌生。生活中，听过的故事、看过的影视作品，能讲述大意和自己感兴趣的情节，能较完整地讲述自己喜欢的小故事。

2. 基础能力分析

学生在之前的学习中已经学过借助图片、关键词句、表格内容等形式讲好故事，为三年级的复述故事打好了基础。学生基本能进行质疑、表达自己的感受和想法，但在复述上条理性还欠缺，需训练学生的口语交际能力。

3. 学习难点分析

本单元的重点为"了解故事的主要内容，复述故事"。复述的方法包括借助表格、借助图片和文字等。在理解的层面，学生因知识的差异，能力的不同，在达到详细复述的要求上，会有一定难度。

由此可见，本单元学生学习的难点在运用多种方法详细复述故事，并根据故事特点选择合适的方法进行复述。因此，需要借助文本的学习，明确详细复述的标准，在实际运用中掌握方法，复述故事。

学生在第二学段已经学习过借助表格、图示简要复述趣味故事，抓住主要内容复述历史人物故事，能做到按一定顺序，不遗漏故事情节。五上第三单元重点学习创造性复述民间故事，这是在中年级复述的基础上提出的进一步要求，要引导学生找到创作的生发点。如何借助创造性复述的方法让学生把故事讲得更生动，更有吸引力，发展创造性思维，培养丰富的想象力，落实核心素养中的语言运用和思维发展，是本单元的教学重点和难点。

（四）确立单元目标

结合课程标准的内容陈述、单元教材的内容分析和学情分析，确定五上第三单元的目标。

1.民间故事精彩纷呈，是口耳相传的经典，是老百姓智慧的结晶，值得我们多多去读去传承。

2.通过把自己设想成故事中的人物，大胆想象增加合理的故事情节，以及变换情节顺序设置悬念，可以更好地创造性复述民间故事，使民间故事更有新鲜感。

3.学好民间故事，不仅能让我们领略到动人的情节，还能让我们认识许多精彩的人物。

三、预期学习结果

（一）学习迁移

学生在阅读民间故事时，能创造性地复述故事。

（二）深入持久理解

1.民间故事精彩纷呈，是口耳相传的经典，是老百姓智慧的结晶，值得我们多多去读去传承。

2.通过把自己设想成故事中的人物，大胆想象增加合理的故事情节，以及变换情节顺序设置悬念，可以更好地创造性复述民间故事，使民间故事更有新鲜感。

3.学好民间故事，不仅能让我们领略到动人的情节，还能让我们认识许多精彩的人物。

（三）核心问题

1.民间故事为什么精彩纷呈？为什么值得我们去读，去传承？

2.在复述故事时，怎样才能让故事保有新鲜感呢？

3.通过创造性地复述故事，你内心有怎样丰富的感受和体验呢？

（四）掌握知能

学生该掌握的知识：

1. 准确认读和理解字词，了解民间故事。

2. 知道复述故事时要梳理故事内容，按顺序复述，不遗漏重要情节，不改变故事本意。

3. 快速默读课文，把握课文主要内容。

学生应形成的技能：

1. 能创造性地复述故事，以故事中的人物的口吻讲故事，能配上相应的动作和表情。

2. 讲故事，能丰富情节，把简略的地方讲具体。

3. 能变换情节顺序设置悬念，更好地创造性复述民间故事。

四、评估办法

评价任务：

设置能引领单元不断深入学习的大任务，具有持续性。

其他任务：

1. 民间故事我赏析：赏析《猎人海力布》《牛郎织女》，积累语言，了解故事情节。

2. "复述故事"我尝试。

3. "创造性复述故事"我能行。

4. "民间故事大王"评审会。

同学们都已经尝试了"创造性复述故事"，今天我们开展评审会，针对"创造性复述"的表现，评出咱班的"民间故事大王"。

最后，对每个阶段的任务做出评估指标。

评价标准：

主要内容	优秀	合格	加油
能用较快的速度默读课文，把握故事主要内容。			
认识24个生字，读准1个多音字，会写25个字，会写32个词语。			
能产生阅读中国民间故事及欧洲、非洲等地民间故事的兴趣。			

初步了解民间故事的特点。			
能详细复述故事，按顺序复述故事，不遗漏重要故事情节。			
能变换角色来讲故事，以海力布或者乡亲们的身份来讲故事。			
能丰富故事情节，配上适当动作和表情等方法讲故事。			

五、规划相关教学过程

（一）教学目标

1. 持久理解目标 1、2、3

2. 理解民间故事的意义

3. 学习迁移

（二）单元结构

1. 单元方案设计（2 课时）

2. 民间故事赏析（1 课时）

3. 复述故事（2 课时）

4. 故事大王评审会（2 课时）

（三）教学流程

第 1 课时：整体感知

1. 单元导语

大家猜猜，这是谁？（提示：这是一个民间故事。）

我们五（一）班的"小小传承人"民间故事大赛马上要开始了，各位同学，你想好要讲述什么民间故事了吗？通过本单元的学习看看谁能对课文进行精彩的创造性的复述和缩写，我们将评选出本届民间故事大王。

这个单元，我们的任务就是："民间故事大王"评审会。

2. 阅读课文

能用较快的速度默读课文，把握故事主要内容；群策群力，讨论单元方案。

各位故事大王们，如果让你把刚才的故事复述给别人听，要讲得生动有趣吸引人，你应该做些什么呢？（学生进行头脑风暴，群策群力。）

师生共同总结：

①以故事中人物的口吻讲故事，更亲切。

②在叙述简单的地方增加合理的故事情节。

③变换故事情节的顺序，设置悬念，配上适当的动作表情。

第2课时：赏析故事

1.整体快速默读《猎人海力布》《牛郎织女》，了解掌握故事情节。

2.以你最喜欢的一个故事为例，想一想故事讲了那几件事。完成记录单。

（1）《猎人海力布》

读课文，想一想，课文写了海力布哪几件事情。

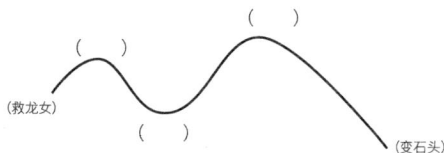

（2）《牛郎织女》

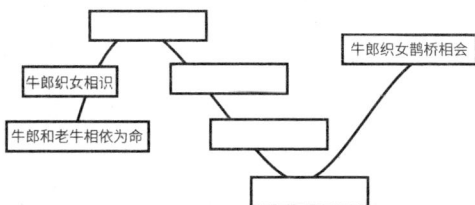

3.交流记录单。

4.结合交流，修改自己的记录单。标出最喜欢的情节。

第3课时：复述故事

1.课前预热

老师讲"晋景公之死"，加上合理的心理和动作活动，给学生示范。

2. 说方法

出示本节课任务：如何创造性复述？

①选准"空白点"，触发创造性复述。

《牛郎织女 (一)》一课，当读到"牛郎常常把看见的、听见的事告诉老牛"这个句子时，我们可以想：牛郎究竟把哪些看见的、听见的事告诉老牛了呢？牛郎在和老牛说话的时候，是开心的还是伤心的呢？老牛听得懂牛郎说的话吗？老牛会有什么反应呢？

文本中还有哪里有这种类似的"空白点"，画出来自己尝试设计创造性复述。

②根据上下文，增加合理故事情节。

根据课文的主要情节或课文的结构，大胆想象，为故事增加合理的情节。同时，"创造"的情节应与课文的中心紧密联系。

《牛郎织女 (一)》课后习题第 2 题就有这样的练习：课文中有些情节写得很简略，发挥想象把下面的情节说得更具体，再和同学演一演。情节一：牛郎常常把看见的、听见的事告诉老牛。学生发挥想象力，表演给大家。

③变换角色讲故事。

换一种人称讲，如讲《猎人海力布》，用海力布的口吻来讲，会让人有身临其境之感……"所以，要为学生创设多样的复述情境。通过角色扮演来复述课文，可以让故事立体化，将创造性复述转变成创造性演绎。如"语文园地"的"词句段运用"，要求仿照例子，把牛郎织女初次见面的情节说得更具体。为了激发学生创造性复述的兴趣，打开思路，拓展思维，我们可以将这一练习设计成一个"课本剧创编"形式，引导学生选择自己感兴趣的角色，走进角色内心，走进故事中，先创编完成剧本，然后表演剧本。

```
时间:初次见面
地点:湖边
人物:牛郎、织女
织女: (羞涩地)
牛郎: (    )
织女:
牛郎:
……
他们俩手拉着手，穿过树林，翻过山头,回到草房。
```

第4课时：故事大王评审会

（一）师生共同制订评价标准（预设评价标准）

同学们，接下来我们要进行"小小传承人"民间故事大王的评比。评比离不开一定的标准，根据前面的学习，我们可以从哪些方面评价呢？我们一起制订一个评价标准吧！

1. 学生自由回答，说出评价维度。

2. 每个方面做到什么程度才算是优秀呢？（抽取习作进行制订）

3. 师生根据抽取的习作制订出标准：（以下为预设）

项　目	优　秀	良　好	合　格
创造性复述	复述能做到合理增加故事情节，变化角色，变化故事情节顺序增加悬念。	能做到两方面的复述。	只能简单用一种方法复述。

（二）"小小传承人"民间故事大王

同学们都已经完成了闯关，今天我们开展"小小传承人"民间故事大王评比，评出咱们的民间故事大王。小组内推荐的故事大王进行展示，全班进行评价，说清理由，对没有获得故事大王的提出简单的修改建议。人人争做民间故事小小传承人。

（三）课堂小结

通过这堂课的探究，同学们说说要想把民间故事进行创造性复述具体应该怎么做？请大家回去以后，把自己感兴趣的民间故事复述给家人听。尽量做到生动有趣。

<h1 style="text-align:center">"春晖情 寸草心"大单元整体教学设计</h1>

一、单元基本信息

单元主题	春晖情 寸草心	学　科	语文
课程类型	国家课程	适用对象	五年级（1）班
单元课时	9	实施时间	11.05—11.15
班级人数	41	开发者	李敬卫、孙苗苗

二、单元设计背景分析

（一）课程标准分析

1. 课标陈述

在语文学习过程中，培养爱国主义、集体主义、社会主义思想道德，逐步形成正确的世界观、人生观、价值观。

——《义务教育语文课程标准》2022 年版课程总目标第 1 条

阅读叙事性作品，了解事件梗概，能简单描述自己印象最深的场景、人物、细节，能说出自己的喜爱、憎恶、崇敬、向往、同情等感受。

——《义务教育语文课程标准》2022 年版第三学段阅读与鉴赏第 4 条

在活动中积累素材，写简单的记实作文，内容具体，感情真实。

——《义务教育语文课程标准》2022 年版学业质量第三学段

2. 课标分析

（1）课标初步分析——关键词分析

叙事性作品：叙事性作品是以叙述、描写人物和事件为主的一种文体，主要通过生活事件的叙述和具体环境的描绘来塑造人物形象。在小学语文教材中，叙事性作品的范围除写人、记事以外，还有写景、状物的。

场景：《现代汉语词典》里对"场面"的解释与本单元话题相符的意项是"叙事性文学作品中，由人物在一定场合相互发生关系而构成的生活情境"。

细节："百度百科"解释为"文艺作品中用来表现人物性格或事物本质特征的细微描写"。

记实作文：记实就是真实地反映现实生活，如实地表现客观事物，包括对"人、事、物、景"的真实再现。记实作文要求学生的习作源于真实的生活实践，使学生能够说真话、实话、心里话，不说假话、空话、套话。

（2）课标深入分析

课程总目标分析：学生在语文学习的过程中，逐步形成正确的价值观、必备品格和关键能力，这就是核心素养，也是学科育人的价值所在。新课标首次提到核心素养，根据核心素养，共确立了9个总目标，第一个就是初步形成正确的人生价值观。义务教育阶段的学生是世界观、人生观、价值观形成的重要阶段，属于情感态度价值观目标。

【阅读与鉴赏】标准分析：结合行为动词，对阅读课标进行深入分析后可以看出：第一层是"阅读""了解"，"阅读""了解"叙事性作品；第二层是"简单描述"，"简单描述"是指能够简单描述印象深刻的场景人物和细节等；第三层是"说出"，即在基本的阅读了解和简单描述之后，学生就能够说出自己的阅读感受。具体到单元教学过程，可以将阅读课标具化为：a.整体感知文本，了解文本大意。b.能找出并简单描述印象深刻的场景、细节描写，能体会到场景、细节描写蕴含的感情。c.能联系生活实际，结合场景和细节描写的方法，表达自己的感受和看法。从"感知、了解"到"找出、体会"再到"表达"，可以看出学生阅读方法逐步习得和阅读能力逐步形成的过程。

【学业质量】标准分析：通过对【学业质量】课标中关键词分析，

可以感受到其中的三个层次：第一层是"能写简单的记实作文"，即学生能够结合生活实践中的事例，在活动中积累素材，真实地反映现实生活，能写简单的记实作文；第二层是能把文章写得"内容具体"，即通过关注人物的神态、语言、动作等细节以及场景描写、环境描写等方法，把事情写具体；第三层次"感情真实"，即学生能够运用恰当的方法充分表达真情实感。具体到单元教学过程中，可以将习作课标具化为：a.以书信的方式，结合生活中的事例，表达自己的心里话；b.通过场景、细节描写把事例写具体；c.通过场景、细节描写以及于恰当之处直抒胸臆的方法充分表达自己的看法和感受。

3. 得出结论

通过国家课程标准三条与本单元相关的课程总目标、学段目标、学业质量的深入分析可以得出，本单元学习内容欲引导学生以"春晖情 寸草心"为主题，为在"知——行——为"三个层次有以下的发展。第一层面，通过阅读文章体会作者描写的场景、细节中蕴含的感情。第二层面，学习运用场景、细节描写的方法，用恰当的语言表达自己的看法和感受，落实语文核心素养中的语言运用。第三层面，持续理解"春晖情 寸草心"的含义，回报父母恩情，培养感恩父母、回报父母的好品质。

借助教材提供的人文主题和语文要素进行核对。单元人文主题："舐犊情深"。语文要素：a.体会作者在描写的场景、细节中蕴含的感情；b.用恰当的语言表达自己的看法和感受。结合课标分析与教材给出的单元语文要素和人文主题进行比对，可以发现两者是相吻合的。

课标分析是单元整体教学设计的开端，亦是核心素养导向的单元整体教学的终点，以课标分析为基础，结合教材分析和学情分析就能准确确立单元教学目标和课时教学目标。围绕核心素养确立课程总目标，阅读与鉴赏目标是对总目标的细化，学业质量标准又是对阅读与鉴赏目标的落实和运用，三条课标是逐步细化聚焦落实的过程，这样核心素养通过语文学科课程的实施逐步落地。

三、教材分析

（一）本单元方法学习分析

阅读领域"体会思想感情"的方法学习之纵向分析表

册　次	单元语文要素	单元主题
二上	展开想象，获得初步的情感体验	想象
二下	读句子想象画面，有感情朗读课文	手心相连
四上	边读边想象画面，感受自然之美	自然之美
	通过人物的动作、语言、神态，体会人物的心情（细节）	成长故事
四下	抓住关键词句，初步体会课文所表达的思想感情	乡村生活
五上	初步了解课文借助具体事物抒发感情的方法	一花一鸟总关情
	结合资料，体会课文表达的思想感情	爱国情怀
	注意体会作者在描写的场景、细节中蕴含的感情	舐犊情深
五下	体会课文表达的思想感情	童年往事
六下	体会文章是怎样表达情感的	表达真情实感

习作领域表达情感的方法学习之纵向分析表

册　次	单元语文要素	单元主题
三上	留心生活，把自己的想法记录下来	我有一个想法
四上	写一件事，能写出自己的感受	我的心儿怦怦跳
五上	用恰当的语言表达自己的看法和感受	我想对您说
五下	把一件事的重点部分写具体	那一刻，我长大了
六上	选择合适的内容写出真情实感	让真情自然流露

（二）本单元内容分析

本单元主题是"舐犊情深"，由四部分组成：课文、口语交际、习作和语文园地。课文包括《慈母情深》《父爱之舟》和略读课文《"精彩极了"和"糟糕透了"》。《慈母情深》中首次出现场景描写，重点通过细节描写体现母亲对"我"的爱。《父爱之舟》重点通过多个场景描写表达父亲对"我"的爱。《"精彩极了"和"糟糕透了"》在前面两篇文章基础上，重点从父母之爱表达方式的不同来体现舐犊情深。"口语交际"的目的是联系生活，引导学生客观理性看待父母之爱。"习作"的目的是用恰当语言及所学方法表达自己的心里话。"语文园地"的目的是训练本单元所学的方法。本单元的习作话题是"我想对您说"，和生活紧密相连，让学生以写信的方式向父母、朋友或为社会做出贡献的人倾诉自己的内心想法，表达对他们的感情，促进学生更好地与他人沟通、相处。本单元共需要 11 课时。

综合以上分析，按照传统授课方式逐篇教学，耗时长、效率低，不利于学生的深度学习，无法高效达成本单元教学目标。

（三）本单元内容调整

为了让教材更好地服务于学生的学，根据教学经验，我们把教材内容作了重组、调整和增补。由原来的四大板块重组为三大板块，"口语交际"融合到第三篇文本的学习中，"词句段运用"分别调整到"课文学习""交流平台"和"习作"部分中去，在"交流平台"中增补了相关类型的群文。将习作主题进行聚焦，由原来的"我想对您说"聚焦为"爸爸妈妈我想对您说"，把习作部分调整到本单元的最后一个板块来进行输出。此外，我们还进行了文本学习顺序的调整，《慈母情深》调后，《父爱之舟》提前作为第一篇课文的学习。

（四）本单元主题意义的延伸转化

结合本单元的教材给出的主题是"舐犊之情"，经过我们基于大观念提取的人文主题转化为"春晖情 寸草心"。从字面意思看，"舐犊情深"指的是像老牛舔小牛一样的深情，比喻父母对子女的爱。这个主题更多是教材的编者站在成人的角度来提出的，意图让学生从中体会父母之恩。

而"春晖情 寸草心"指的是小草微薄的心意，报答不了春日阳光的深情，比喻父母的恩情深重，难以报答。这个主题提出的角度就发生了改变，它是站在学生的角度提出的，从学生的角度讲，他首先要去领悟父母之情，其次还要像小草一样回报父母之爱。

这样的调整，充分挖掘大单元的学科育人价值，更加将主题意义融入学生的学习生活实践中，该主题的转变，在教材的显性知识与学科的隐性育人功能之间搭建了桥梁。

四、单元概念与基本问题

（一）单元大概念

场景、细节描写中蕴含的"春晖情 寸草心"。

（二）基本问题

1. 文中让你印象深刻的语句有哪些？

2. 如何描述场景大意？如何概括文章大意？

3. 如何品读作品中的"春晖情 寸草心"？

4. 作品表达了作者怎样的情感？作者是如何表达这种情感的？

5. 如何运用场景、细节描写的方法，表达你所感受到的"春晖情 寸草心"？

五、学情分析

（一）生活经验分析

随着学生年龄的增长，从五年级开始，学生逐渐进入青春期，与父母之间的情感交流会变少，学生出现沟通问题甚至与父母发生冲突。通过本单元，引导学生正确认识父母之爱，学会理解父母，恰当表达自我的情感，从而促进亲子之情的发展。

（二）基础知识能力分析

学生在2—5年级已经学习了很多体会文章思想感情的方法：展开想象，有感情地朗读课文，通过人物的言行心理等细节，抓住关键词，借助具体事物，查找资料等来体会不同体裁文章作者所表达的思想感情。

（三）学生思维难点分析

思维难点1：初次接触场景描写，不能发现文中的场景描写，不能直接找出场景描写。

思维难点 2：正确、深刻体会场景、细节描写表达的感情有难度。如不能概括出该场景营造的氛围，不能总结出氛围衬托的人物形象，并体会出其中蕴含的感情。

思维难点 3：灵活运用场景描写、细节描写表达自己的看法和感受有难度。如事例不具体，场景、细节描写不具体，感情表达不充分。

为突破学生的思维难点 1，可以通过阅读文本，整体感知，以找出场景描写，体会什么是场景描写为抓手进行突破。为突破学生的思维难点 2，可以借助边读边想象场景、关注人物的言行细节的语句、联系生活实际，尤其是引导学生掌握体会场景、细节描写所蕴含感情的策略，来体会文章作者所表达的思想感情。为突破学生的思维难点 3，引导学生回忆与父母的点滴相处、观察父母的言行举止、思考父母行为背后的良苦用心，让学生有的说，有的写。同时在文本学习时，引领学生从场景构成要素的不同的角度体会场景所渲染的氛围或烘托的人物形象，并学会分析、概括、运用场景、细节描写的方法进行小练笔和习作的表达与修改。

（四）资源分析

已有：吴冠中名画、群文《安塞腰鼓》、散文《背影》、歌曲《爸爸妈妈谢谢你》。

开发："父母恩情我了解"调查问卷、"父母恩情我记录"的相关视频。

六、确立单元学习目标

（一）单元目标

通过品读文本中所蕴含的感情，学习运用场景、细节描写表达感情的方法，并运用该方法表达对父母的真情实感，持久理解"春晖情 寸草心"这一人文主题的含义。

（二）使能目标

1.通过文本感知，能够发现并找出文本中的场景、细节描写，知道什么是场景描写，总结场景描写的大意，提高分析概括的思维能力。

2.通过文本描写的场景和细节，体会其中蕴含的感情，提高理解感悟语言的能力。

3.能联系生活实际，运用场景描写、细节描写的方法，交流自己的看法和感受，提高语言实践运用的能力。

4.结合自身印象深刻的一件或几件事，综合运用场景和细节描写，以书信的格式，充分表达对父母的真情实感，提高语言审美创造能力。

七、单元评价方案

评价目标	评价任务	评价标准	对应核心素养
单元目标	父母之爱我来报	能够用语言或行动表达对父母的"寸草心"。	语言运用
使能目标1	父母之爱我来品	1.能够发现并正确画出场景描写、细节描写的句段。 2.能用完整、通畅的语句表述场景大意。 3.能总结出场景的构成要素：特定环境下人物活动的情形。	语言运用 思维能力
使能目标2	父母之爱我来品	★★★通过分析文本，能概括出该场景营造的氛围，然后总结出氛围衬托的人物形象，并体会出其中蕴含的感情。 ★★能概括出该场景营造的氛围，能总结出人物形象。	语言运用 思维能力
使能目标3	父母之爱我来说	★★★首先能筛选出典型事例，然后能运用场景、细节描写让事例更具体，用具体的事例表达出深刻的感情。 ★★能筛选出典型事例，但不能灵活运用场景、细节描写表现事例，能用事例表达出感情。 ★能选出事例，能叙述事例，但表达的感情不深刻。	语言运用 思维能力 审美创造
使能目标4	父母之爱我来写	1.能正确使用书信格式，书写美观，语句通顺。 2.能结合印象深刻的事例，运用场景、细节描写把事例写具体。 3.能在具体的事例的基础上，用饱含深情的语言抒发内心的感受。	文化自信 审美创造

附：单元评价任务设计说明

结合问卷调查的结果,家校联手开展"春晖情 寸草心"单元主题活动,即本单元大情境、大任务,引导学生运用本单元所学方法体会父母之爱,以及表达对父母的真情实感,以实际行动回馈父母之爱,进而持久理解本单元的大观念即"春晖情 寸草心"。如下图所示:

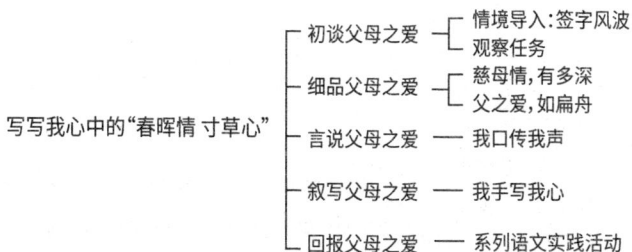

```
                          ┌─ 初谈父母之爱 ─┬─ 情境导入:签字风波
                          │               └─ 观察任务
                          │
写写我心中的"春晖情 寸草心" ├─ 细品父母之爱 ─┬─ 慈母情,有多深
                          │               └─ 父之爱,如扁舟
                          │
                          ├─ 言说父母之爱 ── 我口传我声
                          │
                          ├─ 叙写父母之爱 ── 我手写我心
                          │
                          └─ 回报父母之爱 ── 系列语文实践活动
```

八、单元教学活动

(一)课时划分依据

制订好单元总体目标后,可以根据主题意义的发展进程,将整体目标分解到不同课时。课时以理解主题意义的一两个方面和发展综合表达能力为目标。课时划分如下:

课　文	课　时	完成目标	对应评价任务
《父爱之舟》	第1、2课时	使能目标1、2、3	父母之爱我来品
《慈母情深》	第3、4、5课时	使能目标1、2、3	
《"精彩极了"和"糟糕透了"》+口语交际	第6课时	使能目标3	父母之爱我来品 父母之爱我来说
交流平台+词句段运用	第7课时	使能目标3	父母之爱我来写
习作	第8、9课时	使能目标4	

（二）课时设计

第1、2课时：《父爱之舟》

课时目标	1.通过文本感知，能够发现并找出文本中的场景，知道什么是场景描写。 2.通过文中的场景描写，体会其中蕴含的感情。 3.能联系生活实际，运用场景描写方法，交流自己的看法和感受。		
课时评价任务	课时评价标准		
	优　秀	良　好	加　油
1.找场景	能够找出文本中的多处场景描写；能简要描述场景的大意，知道什么是场景描写。	能够找出文本中的3处场景描写；能简要描述场景的大意。	能够找出文本中的1处场景描写；能简要描述场景的大意。
2.品场景	能通过抓关键词句、想象画面、联系生活实际等方法感受多处场景描写中蕴含的父爱。	能通过抓关键词句、想象画面、联系生活实际等方法感受3处场景描写中蕴含的父爱。	能感受1处场景描写中蕴含的父爱。
3.我表达	能选择自己生活中印象最深的2处场景，交流感受，体会父爱的深切。	能选择自己生活中印象最深的1处场景，交流感受，体会父爱。	能选择出自己生活中印象最深的1处场景。
学习活动设计	活动内容		评价标准
	学生活动	教师活动	
活动一：欣赏名画解读课题（5分钟）	欣赏作者吴冠中的江南水乡名画，感受作者对小船独有的情感。	根据学生活动，板书课题：父爱之舟	对应评价任务1

活动二：初读课文感知父爱（5分钟）	通过朗读开头和结尾两个自然段，从文本中知道课文是以梦境的形式呈现往事。	引导学生感知作者对父亲的思念之情。	对应评价任务1
活动三：梳理往事，理解场景（10分钟）	1.通过整体感知，找出文中难忘的场景。 2.通过抓关键词、提取信息等方法，能用完整、通畅的语句表述文中七个场景大意。 3.通过交流，知道什么是场景描写。	1.引导学生发现并找出文中的场景描写。 2.通过学生交流，让学生知道什么是场景描写，了解场景描写的要素。	对应评价任务1
活动四：体会感情品味场景（10分钟）	试着运用抓关键词句、想象画面、联系生活实际、有感情朗读等方法，小组内及班上交流自己印象深刻的场景，体会场景中蕴含的感情。	以第六自然段凑钱缴学费的场景描写为例，通过抓关键词句、想象画面、联系生活实际、有感情朗读等方法引导学生感受场景描写中的父爱。	对应评价任务2
活动五：畅谈父爱运用场景（10分钟）	回忆自己生活中与父亲的点点滴滴，选择印象最深的一个或多个场景，交流自己的感受，体会父爱的深切。	播放背景歌曲《父亲》。	对应评价任务3

第3—5课时：《慈母情深》

课时目标	1.通过文本感知，能够找出文本中的场景、细节描写。 2.通过文本描写的场景和细节，体会慈母情深。 3.能联系生活实际，运用场景、细节描写的方法，交流自己的看法和感受。

课时评价任务	课时评价标准		
	优 秀	良 好	加 油
1.找场景	能够找出文本中的 2 处场景描写；能简要描述场景的内容。	能够找出文本中的 1 处场景描写；能描述场景的内容。	能够找出文本中的 1 处场景描写。
2.品场景	能抓住关键句段想象两处场景所描写的母亲工作环境的恶劣与艰苦。 能结合生活体验代入体会作者由于心疼内疚等复杂情感而"鼻子一酸"的感觉。	能抓住关键句段想象两处场景所描写的母亲工作环境的恶劣与艰苦。	能感受场景所描写的母亲工作环境。
3.品细节	通过抓住三处细节描写，结合已有情感体验谈心声，深情朗读，品味慈母深情；能结合实际仿写细节描写。	能找出一到两处细节描写，品味慈母深情。能谈心声。	能找出一处细节描写，品味慈母深情。
4.我表达	能结合生活中印象深刻的"鼻子一酸"的场景；能运用场景、细节描写的方法表达内心情感。	能写出印象深刻"鼻子一酸"的场景，有细节描写。	能写出鼻子一酸的经历。
活动设计	活动内容		对应评价任务
	学生活动	教师活动	
活动一："慈母情深"品题目	慈母的情到底有多深？它究竟深在哪儿？	引导学生体会文章题目。	对应评价任务1
活动二："慈母情深"找场景	整体感知内容，找出并描述印象深刻的场景。	引导学生总结概括场景大意。	对应评价任务1

活动三："慈母情深"品场景	抓住关键句段，想象并代入体会两处场景，体悟母亲工作环境的恶劣与艰苦，体会由于心疼内疚等复杂情感而"鼻子一酸"的感觉。	引导学生小组合作交流感悟场景描写蕴含的感情。	对应评价任务2
活动四："慈母情深"品细节	通过抓住三处细节描写，结合已有情感体验谈心声，深情朗读，品味慈母深情。 细节一：慢镜头体会母亲的瘦弱憔悴："背直起来了，我的母亲；转过身来了，我的母亲；褐色的口罩上方，一对眼神，疲惫的眼睛吃惊地望着我，我的母亲。" 细节二：快镜头体会母亲的忙碌辛苦："母亲说完，立刻又坐了下去，立刻又弯曲了背，立刻又将头伏在缝纫机板上了，立刻又陷入了忙碌。" 细节三：特写镜头体会母爱慷慨无私："母亲掏出一卷揉得皱皱的毛票，用龟裂的手指数着。母亲却已将钱塞在我手心里了，大声对那个女人说：'我挺高兴他爱看书的！'"	引导学生品读感悟细节描写蕴含的感情。	对应评价任务3

活动五："慈母情深"我表达（配乐）	1. 作为文中的儿子你想说什么？"就这样，我攥着钱，我跑了出去"，此情此景，作为母亲的亲生骨肉，我"鼻子一酸"，我想对母亲说—— 2. 作为生活中的儿女，你想对妈妈说什么？让我们回忆我们的母亲，在心形卡片上写下令你"鼻子一酸"的场景吧。 3. 播放歌曲《懂你》，学生创作。交流小练笔。场景、细节描写是否突出感情。	1. 引导学生在真实情景中表达交流感情。 2. 指导学习写场景的片段。 3. 小组合作交流场景细节描写作品，评价学生作品。	对应评价任务4

第6课时：《"精彩极了"和"糟糕透了"》+ 口语交际

课时目标	1. 默读课文，能够说出对巴德父母表达爱的方式的看法，并交流感受。 2. 能联系生活实际及口语交际，正确看待父母不同爱的表达方式，并表达出自己的看法和感受。		
课时评价任务	课时评价标准		
	优 秀	良 好	加 油
1.不同评价我品读	能准确找到父母的不同评价，并找到父母不同的评价带给我的感受；能说出父母评价不同的原因。	能够找出父母的不同评价；能说出不同评价带给我的感受。	能够找出父母的不同评价。
2.不同评价我评说	能准确朗读材料，说出自己对材料的看法和感受；小组能合作交流，能用恰当的材料支持自己的观点；小组合作中能尊重别人的观点，对别人的发言给予积极回应。	能准确朗读材料，说出自己对材料的看法和感受；小组能合作交流，能用恰当的材料支持自己的观点。	能准确朗读材料，说出自己对材料的看法和感受。

3.我的看法我诉说	能回忆类似的经历，结合自己的成长经历说出自己的感受；能思考并说出如何回报父母的爱；能把想对父母说的心里话大胆表达出来。	能结合自己的成长经历说出自己的感受；能思考并说出如何回报父母的爱	能结合自己的成长经历说出自己的感受。
活动设计	活动内容		对应评价任务
	学生活动	教师活动	
活动一：文章题目我品读	回忆单元的主题，交流发现。	引导学生品读课题，汇报发现。	对应评价任务1
活动二：文章内容我概括	用简洁的话说一说课文主要讲了什么内容。	引导学生自主阅读，整体感知。	对应评价任务1
活动三：不同评价我品读	小组合作探讨爸爸妈妈读后的不同评价以及他们的评价带给"我"怎样的感受。	引导全班交流：为什么父母的看法会不一样呢？爸爸为什么要这样做呢？	对应评价任务2
活动四：不同评价我辨析	1.讨论：长大后的巴迪会感谢谁？作者为什么越来越体会到儿时是"多么幸运"？如果只有父亲严厉的批评式的爱会怎样？ 2.当巴迪拿着国际大奖去给父母亲看时，他们又会怎么说呢？根据上下文思考一下，谁最像我的父母亲？（师当作者，生当父亲或母亲，即兴对话。）	1.创设情境，悟情明理。 2.引导学生讨论交流父母不同评价哪一种是对的？ 3.引导学生阅读材料，小组合作，交流自己的看法和感受。	对应评价任务2
活动五：我的看法我诉说	回忆类似的经历，结合自己的成长经历谈谈自己的感受。	引导学生如何回报父母的爱呢？有什么心里话想对你的父母说？	对应评价任务3

第7课时：交流平台＋词句段运用3

课时目标	1. 通过交流，梳理总结"体会作者表达感情"的方法。 2. 结合成长中的第一次的具体事例，表达出自己成长中新的认识和感受，重点把内心的触动写具体。		
课时评价任务	课时评价标准		
	优 秀	良 好	加 油
1. 场景梳理	能找出文章中的场景描写，并能深入体会其中蕴含的感情。	能找出文章中的场景描写，体会到其中的感情。	仅能找出文章当中的场景描写。
2. 细节梳理	能找出文章中的细节描写，并能深入体会其中蕴含的感情。	能找出文章中的细节描写，体会到细节中的感情。	仅能找出文章当中的细节描写。
3. 说事例	能利用场景、细节描写的方法来说出自己"第一次"的感受。	能利用场景或细节描写的一种方法来说出自己"第一次"的感受。	能说出自己"第一次"的感受，但没有利用场景、细节描写。
活动设计	活动内容		对应评价任务
	学生活动	教师活动	
活动一： 场景细节我梳理	利用表格形式来梳理文章中的场景描写和细节描写。	引导学生通过梳理懂得场景、细节描写的作用。	对应评价任务1
活动二： 场景细节我来练	阅读《安塞腰鼓》和《背影》两篇文章例文，从中找到描写场景、细节的段落，并说一说自己的理解（赏析句子、学会答题）。	引导学生梳理场景、细节描写之后，快速找出下面这段文章中的场景、细节描写，并试着利用刚刚学习的方法来赏析一下。	对应评价任务2
活动三： 新滋味初体验之我会说	1. 根据自己生活经验，同桌两人互相说一说自己的"第一次"的感受。 2. 小组内一起说一说，推荐同学在班上进行交流。	引导学生合作交流生活中的具体事例。	对应评价任务3

活动四： 新滋味初体验之 我会写	1.动笔写一写，自己生活中的具体事例。 2.同桌交流自己的小练笔，互相修改。 3.每组推选一篇佳作进行朗读展示，全班共评、欣赏。	引导学生运用场景细节描写的方法表达感情。	对应评价任务3

第8、9课时：《习作：爸爸妈妈，我想对您说》

课时目标	1.能正确使用书信格式，用恰当语言表达内心感受。 2.能结合印象深刻的事例，运用场景、细节描写把事例写具体。 3.能在具体的事例的基础上，用饱含深情的语言抒发内心的触动，充分表达对父母的真情实感。			
课时评价任务	评价标准			评价类型
	优 秀	良 好	加 油	
好文标准 我梳理	能根据习作要求和本单元所学，准确梳理出： 典型事例——写清楚 场景细节——写具体 恰当之处——抒真情 以表达真情实感的这三条作为习作标准。	能梳理出其中的一到两条标准。	疏理不出习作标准。	形成性评价
对照标准 我来评	1.能对照三条习作标准评价他人习作。 2.能对照三条标准分析他人的习作是如何表达真情实感的。 3.能初步运用习作标准，给别人提出有效的建议。	能对照三条习作标准评价他人习作。	不能对照习作标准来评价他人习作。	
对照标准 我来改	1.能正确使用书信格式。 2.能结合印象深刻的事例，把事例写清楚。 3.能运用场景、细节描写把事例写具体。 4.能在具体的事例的基础上，于恰当之处用饱含深情的语言抒发内心的触动，充分表达对父母的真情实感。	1.能正确使用书信格式。 2.能结合印象深刻的事例，把事例写清楚。 3.场景、细节描写欠具体。 4.真情抒发欠充分。	1.能正确使用书信格式。 2.能把事例写清楚。	终结性评价

活动设计	活动内容		对应评价任务
	学生活动	教师活动	
活动一：习作审题梳理习作要求	1.出示习作题目。 2.梳理习作要求：对谁说，说什么，怎么说。	师总结：一封信的格式，写出自己的心里话，向父母表达真情实感。	对应评价任务1
活动二："佳作"共赏梳理习作标准	1.佳作我分享。 2.标准共梳理。	梳理习作标准： 典型事例——写清楚 场景、细节——写具体（反复修辞手法） 恰当之处——抒真情	对应评价任务1
活动三：好文我来评对照习作标准	1.对照梳理的习作标准，共同评价学生习作。 2.同桌交流自己的习作，根据习作标准，互相评价。	引导学生对照习作标准评价习作。	对应评价任务2
活动四：好文大家改巩固习作标准	1.根据习作要求和伙伴的建议，修改习作。 2.修改后的习作进行朗读、展示，全班共评、共赏。	引导学生对照习作标准修改习作。	对应评价任务2、3
活动五：好文大家赏	1根据习作评价标准，小组合作打分。 2.每组得分最高的同学分享佳作。	引导学生按照标准赏析习作。	对应评价任务2、3
活动六：家书我来传感恩父母情	在精美的信纸上誊抄自己的习作，回家送给父母。	引导学生持续理解"春晖情 寸草心"，回报父母恩情。	对应评价任务3

基于学习任务群的部编版小学语文六年级上册 "走近鲁迅"大单元教学设计

一、单元基本信息

单元主题	走近鲁迅	学　科	语文
课程类型	国家课程	单元课时	13
实施时间	11.23—12.02	实施对象	六年级（12）班
班级人数	42	所属领域	阅读与鉴赏

二、单元学习内容分析

（一）课标陈述及分析

阅读、欣赏革命领袖、革命先烈创作的文学作品，以及表现他们事迹的诗歌、小说、影视作品等，感受革命领袖、革命先烈伟大精神世界和人格力量，认识生命的价值；运用讲述、评析等方式，交流自己的情感体验。

——《义务教育语文课程标准》（2022 年版）发展型学习任务群文学阅读与创意表达第三学段学习内容

感受文学作品语言、形象、情感等方面的独特魅力和思想内涵，提升审美能力和审美品位。评价应围绕学生阅读文学作品的过程性表现进行。第三、第四学段，侧重考查学生对语言、形象、情感、主题的领悟程度和体验，评价学生文学作品的欣赏水平，关注研讨、交流以及创意表达能力。

——《义务教育语文课程标准》(2022 年版) 发展型学习任务群文学阅读与创意表达第三学段教学提示

本单元以"走近鲁迅"为主题组织内容，这一人文主题与新课标中的三大文化主题中的"革命文化"高度相关，与课程总目标第1条"培养爱国主义、集体主义、社会主义思想道德，逐步形成正确的世界观、人生观、价值观"高度一致。借助教材单元提示，围绕编者目的，可以明确与新课标中的"文学阅读与创意表达"任务群紧密相关。依据课标，自上而下围绕"革命文化"这一主题和"文学阅读与创意表达"任务群进行梳理，可以看到与之相关的目标、内容、任务、评价、质量标准方面的具体建议，为实施大单元教学设计和教学评一体化找到明确的要求与标准。

（二）教材分析

1. 人文主题分析

本单元人文主题是"走近鲁迅"。本单元选取了一组与鲁迅有关的作品，兼具思想性与文学性，分别是鲁迅的作品《少年闰土》《好的故事》，以及他人怀念鲁迅的文章《我的伯父鲁迅先生》《有的人》，其中文章体裁包含了小说、散文、诗歌，"语文园地八"中安排了关于鲁迅的名言诗句，习作"有你，真好"等内容。本单元教材意图从不同视角、不同文体、不同表现手法中感知立体生动的鲁迅形象，阅读这些作品，学生可以多角度了解鲁迅，了解其文学成就，感知其性格特点，体会其精神境界，从而激励学生向鲁迅学习，关注社会，为民族的未来贡献自己的力量。

2. 本单元语文要素分析

部编教材对于"理解课文主要内容"这一要素的梳理与分析：

册　次	人文主题	语文要素
二下第六单元	大自然的秘密	提取主要信息，了解课文内容。
三上第六单元	美好的品质	学习带着问题默读，理解课文的意思。
四上第四单元	神话故事	了解故事的起因、经过、结果，学习把握文章的主要内容。
四上第七单元	爱国情怀	关注主要人物和事件、学习把握文章的主要内容。
四下第六单元	成长的故事	学习把握长文章的主要内容。
五下第三单元	汉字文化	学习搜索资料的基本方法。
六上第八单元	走进鲁迅	借助相关资料，理解课文主要内容。

本单元语文要素是"借助相关资料，理解课文主要内容"。通过梳理发现"理解课文主要内容"的方法主要有：提取关键信息、带着问题默读、结合因果、主要人物加事件、结合资料等。关于"理解文章的主要内容"，在语文园地"交流平台"中，给出了更清晰、具体、全面的归纳。

"借助资料"包括：借助背景知识，如作者生平、时代背景、写作缘起或借助专家学者对作品或作者的赏析、评述等相关资料，来理解文章的主要内容。因此本单元综合梳理了小学阶段所有的"理解课文主要内容"的方法。由此可见，本单元是学生在低端学习基础上，综合运用多种方法"概括课文主要内容"的阶段。

新课标任务群的设计重视阅读与表达的一致性，不再将阅读和写作分开。本单元的习作要素是"通过事情写一个人，表达出自己的情感"。《少年闰土》《我的伯父鲁迅先生》两篇课文，都借助场景、运用具体事例写出了人物的特点，表达了作者的情感。因此，对于通过聚焦场景、运用事例来表达情感的方法，学生都可以在习作中迁移运用。

3. 本单元学习内容分析

单元板块	单元内容	教学侧重点
单元导语	人文主题：走进鲁迅	学习课文，了解其文学成就，感知其性格特点，体会鲁迅忧国忧民的爱国情怀和高尚品质。
	语文要素	借助相关资料，理解课文主要内容；通过事情写一个人，表达出自己的情感。
精读课文	《少年闰土》	能借助场景描写，体会闰土在"我"心中的美好形象；能结合内容，说出闰土是个怎样的少年；能抓住关键词句，体会人物的内心。
	《好的故事》	能联系上下文理解难懂的词语；能结合课文理解"好的故事"；能结合资料，理解文章深刻的含义以及文章象征的手法。
	《我的伯父鲁迅先生》	能快速默读课文，概括小标题；能结合资料谈对鲁迅的印象。
	《有的人》	能有感情地朗读诗歌；能借助本单元课文和资料谈鲁迅印象并表达自己的感受。

语文园地七	交流平台	能总结交流把握文章主要内容的方法。
	词句段运用	能学习文章拟题目的方法，修改自己习作的题目。
	书写提示	欣赏柳公权的书法作品，了解其楷书的特点。
	日积月累	积累鲁迅的名言，感受其精神品质。
习作	《有你，真好》	能选择一个人，运用第二人称，表达对这个人的感情；能借助场景描写、细节描写把事例写具体。

本单元教材围绕"走近鲁迅"这一主题，安排了四篇相关课文，从课后题来看，共同指向了"借助相关资料，理解课文主要内容"这一要素的落实，引导学生感悟鲁迅形象，学习鲁迅精神，认识生命价值。

（三）学情分析

生活经验分析：人文主题理解方面，学生对鲁迅的认识，之前大多停留在"文学家、思想家、革命家"这样的刻板印象层面，在许多学生的心目中，鲁迅是神一样的存在，高高在上，不可亲近。语文要素方面，鲁迅生活的年代距离学生较远，其文章内容难于理解，语言表达也与现在有差异，所以学生对"课文主要内容"理解起来存在困难。

已有基础能力分析：为使学生"走近鲁迅"，编者有意打破这一点。我们可以借助教材的多种呈现角度，将鲁迅从神坛拉到学生身边。此外，学生可以继续将五年级上册学习的"结合资料，体会课文表达的思想感情"加以运用。在理解课文内容方面，学生可以将之前学过的方法迁移运用，体验语文学习内容螺旋上升的特点。

学习难点分析：根据课前调查问卷分析我们了解到，大部分学生并未真正走近鲁迅，还处于了解鲁迅的起始阶段。学生"借助资料，理解课文内容"的难点在于查找资料目的不明确，常常堆砌资料。因此，激发学生产生查找资料的动力，指导并交流查找资料的途径，梳理运用资料来理解课文内容，是学生能力的增长点。

三、学习目标的确立

单元目标	素养指向
（一）分类整理学过的字词，发现所学汉字形、音、义和书写特点。能联系上下文和自己的积累，推想课文中有关词句的意思，辨别词语的感情色彩，体会其表达效果。	语言运用
（二）能借助文章题目提示、总结小标题、关键句提示等方法，概括出课文的主要内容，初步感受作者所表达的情感。	思维运用
（三）能借助网络资源、"阅读链接"、相关书籍等资料，理解关键词句和课文内容，感受鲁迅先生形象，归纳其性格特点和精神追求。	文化自信
（四）能借助印象深刻的场景描写，运用具体事例写一个人，并通过第二人称抒发自己对他人的真挚情感。	审美创造

四、评价任务设计

评价目标	评价任务	评价标准	指向单元目标
评价目标1：能概括出课文的主要内容，初步感受作者所表达的情感。	评价任务1：初识鲁迅	1. 能够熟练使用百度、知乎、哔哩哔哩等网络资源，初步了解查找资料、运用资料的基本方法，初步运用多种方法整理和呈现信息。（★★） 2. 默读课文，借助题目、关键句、主要事件和相关资料，用自己的话概括出文中的主要事件，表现文章的主要内容，初步了解人物精神，有自己的情感体验。（★★★）	对应单元目标1
评价目标2：能结合课文内容，借助资料，理解关键词句，感受鲁迅先生形象，归纳其性格特点和精神追求。	评价任务2：走近鲁迅	1. 阅读四篇文本，能借助课文、注释和相关资料，理解含义深刻的句子；总结作者使用的对比、象征等手法对表现人物及其思想的作用。（★★） 2. 借助题目、关键句、主要事件和相关资料，在理解和把握课文主要内容的基础上，概括鲁迅先生形象、人物精神和性格特点，归纳其意志品质和精神追求。（★★★） 3. 反思归纳鲁迅身上的精神品质，能产生并概括出自己的情感体验，寻找向鲁迅学习的方向和路径。	对应单元目标2

81

评价目标3：能运用具体事例写一个人，抒发自己对他人的真挚情感。	评价任务3：追寻"鲁迅"	1. 能运用第二人称叙事，通过事件表达鲁迅或其他人物对自己的重要意义。（★★★） 2. 能综合运用叙事、抒情、场景细节描写等方式，表达自己对他人的真挚情感。（★★★）	对应单元目标1、2、3

五、单元学习过程

（一）单元学习进程一览表

大任务	子任务	课时	活动	学习内容
亲近鲁迅	初识鲁迅	1	起岁鲁迅"初印象"	单元起始课 制订单元学习计划
	走进鲁迅	2	亲人眼中的鲁迅	《我的伯父鲁迅先生》
		3、4	鲁迅眼中的伙伴	《少年闰土》
		5、6	鲁迅严重的自己	《好的故事》
		7	他人眼中的鲁迅	《有的人》
	印象鲁迅	8、9	鲁迅先生印象展	单元资料梳理展示
	追寻鲁迅	10、11	我眼中的鲁迅	习作《有你，真好》
		12、13	单元主体化检测	走近鲁迅主体化检测

（二）单元学习过程

情景任务	教学过程	评价任务
鲁迅初印象	第一课时 我对鲁迅"初印象"（单元起始课） 任务一：说说鲁迅初印象。 以小组为单位，使用2至3个关键词概括，交流你对鲁迅的印象。 任务二：学习使用"百度""知乎"，对比资料可信度。 教师演示"鲁迅＊关键词"搜索信息的方法，介绍区别搜索信息可信度的要点。 任务三：师生共同讨论单元大任务"亲近鲁迅"的完成方案。邀请学生搜集和补充信息，进行资料分类，明确单元成果"鲁迅先生印象展"的要求。完成任务的时间为两周。 任务四：完成本单元字词梳理。 能联系上下文，根据注释等推想有关词句的意思。	单元评价任务1

鲁迅初印象	课下长程探究作业： 查找资料，阅读和补充"网上鲁迅印象馆"（时长两周）。 背诵并积累鲁迅名言。	单元评价任务1
假如我是鲁迅的亲人	第二课时　亲人眼中的鲁迅 　　任务一：复述课文《我的伯父鲁迅先生》。 　　人物、事件描述清晰、简洁，主要事件齐全，不超过2分钟。 　　任务二：列小标题概括文中主要事件。 　　要求：可以根据课文的内容和文中词句概括。 　　任务三：用文中的句子评价鲁迅。 　　任务四：解读文中"深奥"的句子。 　　结合鲁迅生活的时代背景，想一想"四周黑洞洞的，还不容易碰壁吗"这句话，有没有什么深刻的含义？ 　　作业：课外阅读《鲁迅是怎么做爸爸的？》 　　要求：列小标题概括文中主要事件。用至少3个关键词评价鲁迅作为爸爸的特点，并写两句你的感受。	单元评价任务2
假如我是鲁迅的伙伴	第三、四课时　鲁迅眼中的伙伴 　　任务一：阅读文本《少年闰土》，梳理概括文章写了闰土的哪几件事？ 　　任务二：结合课文内容，说说闰土是个怎样的少年。 　　要求：少年闰土给你留下了怎样的印象？分享你印象最深刻的内容及感受。 　　任务三：抓住关键词句，体会人物的内心。 　　联系上下文，结合鲁迅生活的时代背景，参考之前阅读和查找的鲁迅先生的资料，说一说"我"为什么对闰土所讲的事情特别羡慕与向往？"四角的天空"说明了什么？这句话表达了作者怎样的情感？ 　　任务四：赏评少年闰土，归纳写法。 　　小组探究：作者是如何描写人物和表达深刻主题的？ 　　要求：概括人物时至少要用4个以上的关键词，归纳写法时可以结合小说的三要素。 　　作业：拓展阅读《朝花夕拾》。 　　活动：读《朝花夕拾》，拟一个小标题概括鲁迅儿童时代天真烂漫的生活场景。对自己不理解的地方进行圈点批注，可以查阅相关资料进行印证，也可以暂时放一放。	单元评价任务2

假如我是鲁迅自己	第五、六课时 鲁迅眼中的自己 任务一：梳理鲁迅梦见了什么，复述梦境。 活动：勾画圈点鲁迅具体梦到了哪些事物，这些事物的特点是什么。 要求：抓住重点词句交流体会梦境描写的动态美、色彩美、和谐美。 任务二：结合课文，说一说这是一个怎样的梦。 活动：作者说"这故事美丽、幽雅、有趣"，结合课文说说体现在哪里？ 任务三：借助资料，说一说为什么会有这样的梦。 作业：拓展阅读鲁迅《影的告别》。 试用课上学到的方法，分析《影的告别》中的影子象征着什么。结合课文，感受鲁迅是如何认识自己的，归纳鲁迅的精神品质。	单元评价 任务2
假如我是鲁迅的学生、朋友、敌人	第七课时 他人眼中的鲁迅 任务一：正确、流利、有节奏地朗读诗歌《有的人》。 任务二：梳理诗歌的主要内容，对比两种人的所作所为和结局。 要求：可以使用原文中的诗句，也可以用简洁的词语概括出来。 任务三：寻找重点诗句的出处说理解。 作业：搜索并阅读郁达夫《怀鲁迅》《"杠精"鲁迅和他的敌人们》。梳理几篇文章中的鲁迅形象的异同，归纳鲁迅给你留下的印象。 可以用表格呈现，如： 表格 | 身份	异	同 | |---|---|---|
学生		
朋友		
敌人		
亲人		
鲁迅给你的印象				单元评价 任务2

鲁迅新印象	第九课时 鲁迅先生印象展 策划一次"鲁迅印象展"。 任务一：剖析资料，讨论布展内容。 任务二：整合资料，讨论布展主题。 任务三：结合实际，学习设计策略。 任务四：内容准备，小组设计布展。 　1. 小组讨论，为本组的展区设计一个小主题，思考适合布展的位置。 　2. 确定本组展示内容，如：我为鲁迅先生画肖像、鲁迅先生小档案、鲁迅先生经典作品分享、童言童语说鲁迅…… 　3. 小组讨论，商定计划运用何种方式展示内容（如图文结合、视频短片、作品讲解等）。 　根据展示内容，小组内进行分工准备。 任务五：分享展示，博采众长。 评价要素： 		1组	2组	3组
---	---	---	---
主题鲜明（25分）			
分类合理（25分）			
图文并茂（25分）			
解说精彩（25分）			
总分					单元评价任务1、2、3
假如鲁迅在身边	十一课时 习作《有你，真好》 任务一：分享美好事件，定格深刻场景。 | 想对谁说"有你，真好"	为什么想对他说"有你，真好"
---	---
	事例1
	事例2
	事例3 | 任务二：练写场景片段，学习表达方法。 任务三：尝试选用直接抒情、间接融情等方法，展开二度修改。 任务四：完成整篇习作，驱动精准评改。	单元评价任务3

假如鲁迅在身边	《有你，真好》习作评价卡： | 评价标准	达成情况 | |---|---| | 是向一个人倾吐心声吗 | □是□否 | | 印象深刻的场景是否写得具体 | □是□否 | | 是否选择了典型事例来体现这个人对自己的重要意义 | □是□否 | | 是否表达了自己对这个人的真挚情感 | □是□否 | 　　根据"习作评价卡"的评价建议，展开二度修改。小组反馈、分享二度修改后的习作。	单元评价任务3
寻找当代鲁迅	第十二、十三课时 单元主题化检测	单元评价任务1、2、3

（三）作业与检测

专题一 描绘鲁迅形象

【任务一】初识·鲁迅档案

2.民族魂——鲁迅

在20世纪中国从封建专制向现代文明转型的[cuò zōng]_____复杂的历史时期，对几千年来封建禁锢_____下的中国人的精神进行彻底的反思，让中国人冲出思想的牢笼，获得精神的解放，达到精神的独立和思想的自由，看到美好世界的[hóng ní]_____，让饱经风霜的古老中国，张冠李戴，头顶文明的冠冕_____，通过自立于世界民族之林，使自信自强地走向中华民族的伟大复兴。

【任务二】聆听·鲁迅名言

让我们围绕鲁迅先生的民族魂再做几块展板，展示他的主要思想。

【任务三】亲近·鲁迅作品

7.跨界明星——鲁迅

设计师：鲁迅 设计北大校徽	科学家：鲁迅 中国首篇地质论文	翻译家：鲁迅 翻译作品360多万字	作家：鲁迅 设计的《野草》封面

鲁迅先生真是太有才了，这才是我们最应该追的"星"啊！请你谈谈你对鲁迅的印象吧！

专题二　梳理鲁迅思想

【任务四】策划·鲁迅印象

咱们为本次活动搜集的资料真不少呢。结合上面整理的资料，在教室里的宣传栏上，策划一次"鲁迅印象展"吧。你想从哪些方面展现鲁迅的形象？

鲁迅眼里的人和事

在鲁迅眼中："其实地上本没有路，＿＿＿＿＿＿＿＿＿＿＿。"

"唯有民魂是值得宝贵的，＿＿＿＿＿＿＿＿＿＿＿。"

侄女周晔认为，伯父鲁迅先生＿＿＿＿＿＿＿＿＿＿＿

（写对人物的印象），因为＿＿＿＿＿＿＿＿＿＿＿

诗人臧克家认为，从未谋面的鲁迅先生＿＿＿＿＿＿＿＿（写

对人物的印象），因为＿＿＿＿＿＿＿＿＿＿＿

＿＿＿＿＿＿＿＿＿＿＿。

专题三　传承鲁迅情怀

【任务五】传承·中国脊梁（16 分）

鲁迅先生说："我们从古以来，就有埋头苦干的人，有拼命硬干的人，有为民请命的人，有舍身求法的人……这就是中国的脊梁。"请你阅读袁隆平爷爷的故事，写下自己的阅读思考。

传承鲁迅情怀——中国脊梁

当代神农　袁隆平　　青蒿女神　屠呦呦　　中华速度　苏炳添　　校长妈妈　张桂梅

【任务六】评议·感动中国

　　鲁迅先生的民族魂一直在影响着一代一代的中国人，他们用自己的青春和热血书写着生生不息的"民族魂"。请你模仿"中国航天人"的示例，结合鲁迅的主要事迹，为他撰写一段颁奖词。要求字数在100到200字之间，使用第二人称，用简明的语言概括人物事迹，表现人物精神和自己的情感，突出人物对中华民族的重要意义。

评议鲁迅情怀——感动中国

中国航天人【赤心贯苍穹】

颁奖词：发射、入轨、着陆，九天探梦一气呵成；追赶、并跑、领跑，五十年差距一载跨越，寰宇同天，探月逐梦，五星红旗一次次闪耀太空，中国航天必将行稳致远。

主要事迹：嫦娥探月、天问问天、神舟逐梦、北斗环宇，中国航天追梦人让五星红旗一次次闪耀太空，他们将自己的浪漫与情怀洒向苍穹，中国航天人勇攀高峰、自立自强，用一个个坚实的脚印，把梦想化作现实。

鲁迅【_____】

颁奖词：_____

_____

_____

_____

专题四　寻找身边"鲁迅"

【任务七】寻找·身边榜样（40分）

　　在你的身边，你发现谁是闪耀"鲁迅"精神的"明星"？他们可能是有名气的大人物，也可能是平凡的小人物，结合自己的发现写一篇文章。要通过具体的事件表现人物身上的"民族魂"，表达自己的情感体验。

要求：（1）题目自拟，立意自定。（2）选择第二人称的表达方式。（3）不少于450字。（4）书写规范、工整，卷面整洁。

（四）学后反思

本单元以学生发展为本，整体规划单元教学内容，以精准的目标、任务群驱动、评价任务嵌入，达到教学评一体。以"亲近鲁迅"为单元大任务，创设情境，以"假如我是鲁迅的伙伴、亲人、学生、朋友、敌人、自己……"为任务驱动，引导学生初步了解查找资料、运用资料的基本方法，借助网络资源、"阅读链接"、相关书籍理解课文内容，呈现鲁迅更为丰满的凡人和伟人形象，感受先贤志士的人格魅力，体会其"民族魂"，从而走近鲁迅、亲近鲁迅、学习鲁迅，获得丰富的情感体验，有效促进了学生的核心素养的发展。

六、学习资源

（一）鲁迅《影的告别》《朝花夕拾》

（二）《鲁迅是怎么做爸爸的》

（三）郁达夫《怀鲁迅》

（四）《"杠精"鲁迅和他的敌人们》

（五）"百度""知乎"网上资源

七、本学习任务群设计思维导图

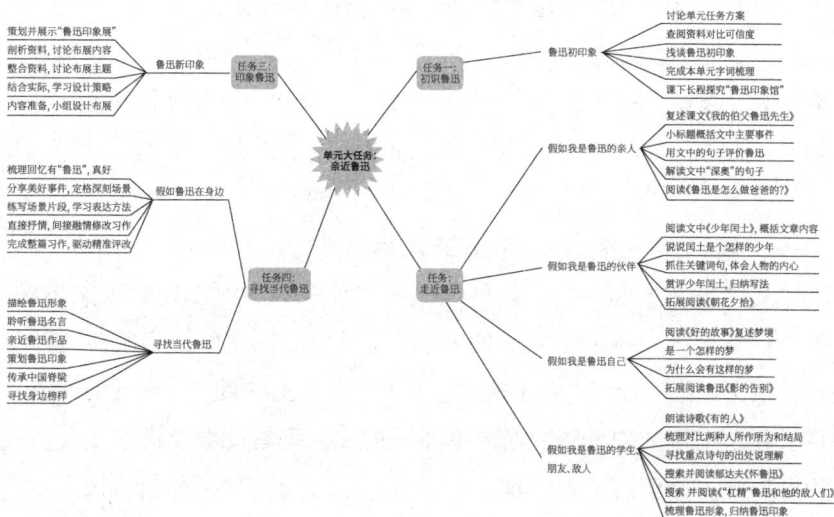

第三章　核心素养导向的小学语文大单元教学实践与反思

核心素养导向的礼轩小学语文大单元教学设计与实践（一）

——以部编版小学语文五年级上册第六单元为例

《义务教育语文课程标准》（2022 年版）在课程理念中指出：立足学生核心素养，充分发挥语文课程育人功能。新课标强化课程育人导向，架构了以核心素养为纲，以学生语文实践为主线，以任务群为学习载体的课程组织和实施方式。聚焦语文核心素养，实现学科育人的目标，指向整合的语文大单元教学研究，成为当前语文课堂教学改革的热点。学科核心素养呼唤大单元，语文大单元教学是从素养出发的语文学习方案，根据语文素养形成的条件和特征，以学生的学习为主线，统筹内容、目标、情境、任务、评价、和资源等要素，合理安排学习活动。

本文以五年级语文"舐犊情深"单元为例，从提炼单元育人价值、重组单元学习资源、制订单元学习目标、设计学教评一体化评价任务、开展单元学习活动五个方面，谈一谈"我"对礼轩小学语文大单元教学的认识。

一、解读单元内容，提炼单元育人价值

"关注人文主题"是指教师应关心、重视教材所提供的人文主题，正确认识并充分挖掘人文主题的内涵，使学生在丰富的语言实践活动中提升思想文化修养，满足精神成长的需求。人文主题贯穿于单元的始终，并将引起学生持久的理解。对人文主题的深入理解能够促进学生形成正确的世界观、价值观、人生观，亦是单元学习与生活实践的连接点，尤

其强调语文学习的综合性与实践性。

以本单元为例：教材给出的本单元人文主题是"舐犊情深"，经过我们基于核心素养导向的大单元教学设计思考，将本单元的人文主题延伸转化为"春晖情 寸草心"。从字面意思看"舐犊情深"指的是如同老牛舔小牛一样的深情，比喻父母对子女的爱，这个主题更多是教材的编者站在成人的角度来提出的，意图让学生从中体会父母之恩。而"春晖情 寸草心"指的是小草微薄的心意，报答不了春光的哺育的深情，在此比喻父母的养育之情深重，无以为报。此主题提出的角度发生了改变，它是站在学生的角度提出的，从学生的角度讲，他首先要去领悟父母之情，其次还要像小草一样回报父母之爱。这样的调整，充分挖掘了大单元的学科育人价值，更加将主题意义融入学生的学习生活实践中，该主题的转变，在教材的显性知识与学科的隐性育人功能之间搭建了桥梁。

二、确立单元学习目标，逐步实现进阶性学习

一个好的单元目标的确立，基于对国家课程标准的分析、语文学科核心素养的理解和对学情的准确把握。只有明确了单元学习目标才能进而明确每个课时的学习目标。有了单元目标的引领，才能细化出具体、进阶的一节节向着核心素养迈进的语文课。

本单元的学情分析。随着学生年龄的增长，从五年级开始，学生逐渐进入青春期，与父母之间的情感交流变少，学生出现沟通问题甚至与父母发生冲突，学生会出现不理解父母的情况，父母也不知如何正确表达对孩子的爱。通过本单元，引导学生正确认识父母之爱，学会理解父母，恰当表达自我的情感，从而促进亲子之情的发展。教材提出的单元语文要素共两条：一是体会场景、细节中蕴含的感情；二是用恰当的语言表达自己的看法和感受。结合两条语文要素来看，在基础知识能力方面，学生在2–5年级已经学习了很多体会文章思想感情的方法：展开想象、有感情地朗读课文、通过人物的言行心理等细节、抓住关键词、借助具体事物、查找资料等来体会不同体裁文章作者所表达的思想感情。学生思维难点在于：灵活运用场景描写、细节描写表达自己的看法和感受。

如事例不具体，场景、细节描写不具体，感情表达不充分。

在实际教学中，可以借助边读边想象场景、关注人物的言行细节的语句、联系生活实际，尤其是引导学生掌握体会场景、细节描写所蕴含感情的策略，来体会文章作者所表达的思想感情。同时在文本学习时，引导学生从场景构成要素的不同角度体会场景所渲染的氛围或烘托的人物形象，并学习运用场景、细节描写的方法表达，训练形式为小练笔和习作。引导学生在生活中学会观察，学会体会，通过回忆与父母的点滴相处、观察父母的言行举止、思考父母行为背后的良苦用心，让学生在本单元的学习中有的说，有的写。

结合本单元学习内容、人文主题和学情分析，本单元的学习目标确定为：

1.通过阅读文本，能发现并找出文本中的场景、细节描写，梳理总结出场景的构成要素，发展总结、概括的能力。

2.通过品读文本中的关键句段，体会场景、细节描写中所蕴含的感情，提升理解、感悟能力。

3.能联系生活实际，运用场景、细节描写的方法，交流自己的看法和感受，提升语言表达能力。

4.能结合自身印象深刻的事例，综合运用场景和细节描写，充分表达对父母的真情实感，提升书面表达能力，持久理解"春晖情 寸草心"的含义。

大单元目标确立后，可以规划单元总体学习进程，即发现场景的特点——体会场景的作用——谈场景蕴含的感情——写场景——评场景，我们根据人文主题意义的发展进程，将大单元目标分解到不同课时，从而制订出课时目标。

三、重组单元学习资源，整体规划学习路径

"教教材"和"用教材教"是两种截然不同的教材观。前者是教书，后者是育人。核心素养导向的大单元教学更加强调学生作为学习的主体地位，教师只有合理整合、改编教材，才能不断适应学生的学情，引领学生实现深度学习。

结合本单元目标和教学内容分析，本单元主题是"舐犊情深"，由四部分组成：课文、口语交际、习作和语文园地。课文《慈母情深》中首次出现场景描写，重点通过细节描写体现母亲对"我"的爱。《父爱之舟》重点通过多个场景描写表达父爱深情。《"精彩极了"和"糟糕透了"》在前面两篇文章基础上，重点从父母之爱表达方式的不同来体现舐犊情深。"口语交际"的目的是联系生活，引导学生客观理性看待父母之爱。"习作"的目的是用恰当语言及所学方法表达自己的心里话。"语文园地"的目的是训练本单元所学的方法。单元的习作主题是"我想对您说"，和生活紧密相连，让学生以写信的方式向父母、朋友或为社会做出贡献的人倾诉自己的内心想法，表达对他们的感情，促进学生更好地与他人沟通、相处。共需要11课时。

综合以上分析，按照传统授课方式逐篇教学，耗时长、效率低，不利于学生的深度学习，无法高效达成本单元教学目标。为了让教材更好地服务于学生的学，根据教学经验，我们将教材内容从整体上把握，作了重组、调整和增补。由原来的四大板块重组为三大板块，"口语交际"融合到第三篇文本的学习中，"词句段运用"分别调整到"课文学习""交流平台"和"习作"部分中去，与课文学习穿插融合，便于将"交流平台"总结的方法及时感悟梳理落实，也更利于作文的输出。在交流平台中增补了相关类型的群文，目的是在交流平台板块梳理总结本单元的方法之后加强练习巩固，以一篇带多篇，更好地落实语文要素。将习作主题进行聚焦，教材提供的习作范围很宽泛，根据本单元人文主题和语文要素，结合我校学情，将习作主题由"我想对您说"聚焦，并确定为"爸爸妈妈我想对您说"，并将习作部分调整到本单元的最后一个板块来进行输出。此外，我们还进行了文本学习顺序的调整，《父爱之舟》中的场景描写特点突出，学生初次学习场景描写，因此将《父爱之舟》的学习前置，降低了该新知识点的难度，为体会慈母情深中的场景描写奠定了基础。经过灵活调整、重组和增补单元板块之间的内容，在教学时间上，现在9课时就可以完成本单元的教学内容，比传统授课方式节省了两个课时。

由此可见，核心素养导向的大单元教学设计真正站在了学生"学"

的角度，从学生的"学"出发，整体把握教材资源，重塑教材资源的内在联系，建立整体的、有序的、符合学生学情的教材资源的最优化配置，体现了其在教学时间、教学深度、教学时效性上的明显优势，真正实现了对学生学习资源与学习路径的量身定做。

四、设计"教学评"一体化评价任务，保障学科素养落地

语文课程评价应准确反映学生的学习水平和学习状况，全面落实课程目标。通过精准的评价设计，老师可以审视自己的"教"，学生可以检测自己的"学"，也可以看到他人的"学"，评价如镜，不仅促进教师改善教学，还能促进学生对自我学习的反思与调整。"评"架起了"教"与"学"、"学"与"学"之间的桥梁，共同指向了单元目标的落实。评价将教师的教和学生的学有机融为一体，使"教学评"一体化成为现实。基于大单元的评价方案的制订，以单元目标为方向，包含了评价任务的设计和评价标准的制订。单元评价任务可分为过程性评价和总结性评价。针对本单元能够达成单元目标重要学习活动，笔者开发了过程性评价标准（见下表），来监测学生学科知识、学科素养的落实情况。

单元目标	聚焦主题的学习活动	单元评价标准
单元目标1	父母之爱我来品	1. 能够发现并正确划出场景描写、细节描写的句段。 2. 能用完整、通畅的语句表述场景大意。 3. 能分析并总结出场景的构成要素：特定环境下人物活动的情形。
单元目标2	父母之爱我来品	★★★通过分析文本，能概括出该场景营造的氛围，然后总结氛围衬托的人物形象，并体会出其中蕴含的感情。 ★★能概括出该场景营造的氛围，能总结出人物形象。

单元目标3	父母之爱我来写	★★★首先能筛选出典型事例，然后能运用场景、细节描写让事例更具体，用具体的事例表达出深刻的感情。 ★★能筛选出典型事例，但不能灵活运用场景、细节描写表现事例，能用事例表达出感情。 ★能选出事例，能叙述事例，但表达的感情不深刻。
单元目标4	父母之爱我来报	1.能正确使用书信格式，书写美观，语句通顺。 2.能选取印象深刻的事例，运用场景、细节描写的方法将事例写具体。 3.能在具体的事例的基础上，用饱含感情的语言表达内心的感受。

由此可见，科学的制订并实施单元学习任务的有效评价，实施"教学评"一体化的评价任务，有利于搜集学生学习过程中真实的学习状况，以便于教师采取有针对性的教学，调整教学策略，从而优化教学环节，真正促进学生的学习，为学科素养的落地提供有力保障。

五、开展单元学习活动，落实学科育人目的

语文课程是一门学习语言文字运用的综合性、实践性课程。单元学习活动重点是关注语文的综合实践性。设计单元学习活动首先要基于单元学习目标，最终也是为了达成单元目标。单元学习活动的设计要把枯燥的知识技能训练融于学生喜欢的、有一定真实的、具有一定挑战性的学习情境中去，实现从"要我学"到"我要学"的转变，在大任务、大情景中，激发学生学习的兴趣和欲望，驱动学生学会学科核心知识、训练学科关键技能、体验表达情感、形成学科核心素养。

以本单元为例，我们以"春晖情 寸草心"为单元大概念，分别设计了三个学习活动，分别是"父母之爱我品读""父母之爱我来报""父母之爱我来写"。在学习任务一"父母之爱我来品"中，在单元三篇课文的学习基础上，引导学生感悟场景细节描写中所蕴含的感情，掌握本单元基础知识，总结场景特点，体会场景作用。在学习任务二"父母之

爱我来报"中，以调查问卷、观察父母言行、记录父母之爱等语文实践活动，持续理解、体会"春晖情 寸草心"这一单元大概念。从单元初始阶段直至让学生对父母之爱的理解和报答贯穿于他们的一生。在评估任务三"父母之爱我来写"中，学生将习得的于场景细节描写中体会父母之爱的新方法，运用于写作中，学生写场景、评场景，用场景表达出对父母的真情实感。

经历这三个学习活动，学生能够经历从发现场景、总结场景的意义和作用，到结合实际说场景、评场景的学习过程。开展这样由读到写的大单元学习活动使得学生的学习过程环环相扣、层层递进、步步为营。这不仅使学生在单元学习活动中潜移默化地建构了学科知识体系，还发展了学科能力，有效提升了学科的核心素养，从而达成了本单元的学习目标，落实了学科育人的根本目的。

核心素养导向评价引领的小学语文大单元教学设计与实践（二）

——以部编版小学语文五年级上册第六单元习作为例

新课标提出"教师应理解核心素养的内涵，全面把握语文教学的育人价值，突出文以载道、以文化人"。因此，坚持以核心素养为纲，评价为领，以语文实践活动为主线，以学习任务为载体的大单元教学更有利于引领学生在真实情境中进行深度学习，更易实现语文学科工具性与人文性的统一，引导学生在学习语言文字的过程中，逐步树立正确的世界观、人生观、价值观。

本文结合部编版小学语文五年级上册第六单元习作的教学，从确立单元习作评价目标、设计单元习作学习任务、制订单元习作评价方案、实施单元习作评价活动四个方面来谈一下核心素养背景下小学语文大单元教学的实践与探索。

一、确立单元习作评价目标

（一）课标分析

《义务教育语文课程标准》（2022版）第三学段【表达与交流】中提到：能写简单的记实作文和想象作文，内容具体，感情真实。"记实作文"中"记实"就是真实地反映现实生活，如实地表现客观事物，包括对"人、事、物、景"的真实再现。记实作文要求学生的习作源于真实的生活实践。通过对习作课标的分析，我们发现本单元习作欲引导学生围绕"舐犊情深"这一主题在以下三个层面有长足发展：一是"能写简单的记实作文"，即学生能够结合生活中的事例，真实地反映现实生活；二是能把文章写得"内容具体"，即通过关注人物的神态、语言、动作等细节以及场景描写、环境描写等方法，把事例写具体；三是"感情真实"，即学生能够运用恰当的方法充分表达真情实感。

（二）教材分析

1. 从大单元的视角"横向"分析

本单元主题是"舐犊情深"，由四部分组成：课文、口语交际、习作和语文园地。课文包括《慈母情深》《父爱之舟》和《"精彩极了"和"糟糕透了"》。《慈母情深》中首次出现场景描写，重点通过细节描写体现母亲对"我"的爱。《父爱之舟》重点通过多个场景描写表达父亲对"我"的爱。《"精彩极了"和"糟糕透了"》在前面两篇文章基础上，重点从父母之爱表达方式的不同来体现舐犊情深。"口语交际"的目的是联系生活，引导学生客观理性看待父母之爱。本单元的习作是"我想对您说"，让学生以写信的方式向父母、朋友或为社会做出贡献的人倾诉自己的内心想法，表达对他们的真情实感。而学生想要充分表达出自己的真情实感，就必然需要在写作过程中运用本单元文本学习中场景、细节的描写方法以及正确看待爱的不同的表达方式，加以运用恰当的措辞、语气来表达自己的看法和感受。

通过以上分析，我们可以看出，本单元习作是整个单元学习内容、学生学习效果的输出，也可以视为本单元学习的单元评价任务。另外，教材提供的习作范围宽泛，根据学生学情，结合本单元人文主题和语文要素，我把习作主题聚焦为"爸爸妈妈，我想对您说"，把习作部分调整到本单元的最后一个板块来进行输出。

2. 从教材"螺旋上升式"要素训练"纵向"分析

"表达出自己的看法和感受"是本单元的习作目标，归根结底还是如何表达真情实感。于是我梳理了小学阶段"叙事类习作中学习表达情感的方法"，如表1。

表1：

年级、册次	习作要素和主题	习作主题	习作要求
三年级上册第七单元	留心生活，把自己的想法记录下来。	我有一个想法	把这种现象和自己的想法写清楚。
四年级上册第六单元	记一次游戏，把游戏的过程写清楚。	记一次游戏	把游戏写清楚，还可以写写当时的心情，最好能反映出自己的感受。
四年级上册第八单元	写一件事，能写出自己的感受。	我的心儿怦怦跳	写清楚事情的经过和当时的感受。
四年级下册第六单元	按一定的顺序把事情的过程写清楚。	我学会了	把学做这件事的经历、体会和同学分享。
五年级上册第六单元	用恰当的语言表达自己的看法和感受。	我想对您说	把想说的话写成一封信。用恰当的语言表达自己的心里话，让他们了解你的想法，体会到你的感情。
五年级上册第一单元	把一件事的重点部分写具体。	那一刻，我长大了	要把事情的过程写清楚，还要把感到长大的"那一刻"的情形写具体，记录当时的真实感受。
五年级上册第三单元	选择合适的内容写出真情实感。	让真情自然流露	把印象深刻的内容写具体，把情感真实自然地表达出来。

　　我们可以看到习作中学习表达感情的方法在教材中呈层层递进、螺旋上升的趋势，由第二学段的"把事情的经过写清楚"上升到第三学段"把事情的过程写具体"；由刚开始"记录自己的想法"上升到"写出自己的感受"进一步上升到"表达出自己的真情实感"，并最终为六下第三单元的综合运用各种方法表达真情实感做铺垫。因此，本单元习作在整个小学阶段"表达情感类"习作中具有关键作用。

　　（三）学情分析

　　随着学生年龄的增长，他们逐渐进入青春期，与父母之间的情感交流出现问题甚至发生冲突，有的学生会出现不理解父母的情况。通过本单元习作，引导学生正确认识父母之爱，学会理解父母，恰当表达自我的情感，从而促进亲子之情的发展。另外，通过教材分析，我们发现学生灵活运用场景、细节描写，以及恰当方式表达自己的看法和感受还有难度，是本单元学习的难点。

通过以上分析，学生结合已有学习基础，体会场景、细节中蕴含的感情，并学会用恰当语言表达出自己的真情实感是本单元的学习重点。确立了"学生结合能自身印象深刻的一件或几件事，综合运用场景和细节描写，写一封充分表达对父母真情实感的信"为本单元的习作目标。

（1）设计单元学习任务群

为更好地达成单元学习目标，我们开展了家校联手开展"春晖情 寸草心"语文主题实践活动。在对本单元学习内容进行整合、重组的基础之上，设计了以下任务，于真实情境中实现学生的深度学习。

任务一："父母之爱我来品"。主要通过本单元《父爱之舟》《慈母情深》《"精彩极了"和"糟糕透了"》三篇课文，引导学生体会作者于场景、细节描写中所蕴含的感情，掌握本单元知识技能。

任务二："父母之爱我来报"。这一部分贯穿于整个单元学习的始终，学生将会持久理解。一开始，我们通过调查问卷以及给学生布置观察父母言行，记录父母为自己做的事等语文实践活动，让学生在观察和思考中有所触动，初步体会父母对自己的爱，激发学生回报父母之爱的意识；其次，在本单元的学习过程中，学生习得了于场景、细节描写中体会父母对自己的爱的这种新方法，他们会在新的感悟和品味中，学会理解父母之爱，进一步回报父母之爱。

任务三："父母之爱我来写"。让学生将对父母的爱，以及学习到的新方法落实到写上，写一封充分表达对父母真情实感的信，以实际行动回馈父母之爱。这也是"父母之爱我来报"的一种表达形式。从单元初始阶段让学生对父母之爱的理解和报答贯穿于他们的一生，完成本单元"春晖情 寸草心"的单元大任务。

（2）制订单元评价方案

评价任务是为达成教学目标和教学效果而设置的与评价目标相匹配的检测项目。那为达成"学生能写一封充分表达对父母真情实感的信"的单元目标，我们既要有指向单元目标达成的形成性评价，也要有检验单元目标达成、诊断学生单元学习结果的总结性评价。因此，我们制订了以下单元评价方案，如表2。

表2：

课　时	评价任务	执行时间	备　注
课时1、2	评价任务1.2-1：感知文本，表述大意	学习活动三之中	形成性评价
	评价任务1.2-2：合作交流，梳理要素	学习活动三之后	形成性评价
	评价任务1.2-3：品味场景，概括场景描写作用	学习活动四之中	形成性评价
	评价任务1.2-4：畅谈父爱，运用场景	学习活动五之中	形成性评价
课时3、4	评价任务3.4-1：慈母情深，找场景	学习活动二之中	形成性评价
	评价任务3.4-2：小组合作，品场景	学习活动三之中	形成性评价
	评价任务3.4-3：品味细节，概括细节描写作用	学习活动四之后	形成性评价
	评价任务3.4-4：场景、细节描写小练笔	学习活动四之中	形成性评价
	评价任务A：阅读训练	第四课时结束后	总结性评价
课时5	评价任务5-1：品读故事，交流评价	学习活动一之后	形成性评价
	评价任务5-2：学法迁移，辨析评说	学习活动二之中	形成性评价
	评价任务5-3：联系自我，拓展延伸	学习活动三之中	形成性评价
课时6	评价任务6-1：梳理"典型事例——写清楚"的习作标准	学习活动二之后	形成性评价
	评价任务6-2：梳理"典型事例写具体""在典型事例中充分表达真情实感"的习作标准	学习活动二之后	形成性评价
课时7	评价任务D：习作评改	单元学习结束后	总结性评价

习作评价任务说明：

评价任务 D：写一封充分表达对父母真情实感的信。

学习目标：能结合自身印象深刻典型事例，运用场景、细节描写的方法，写出一封充分表达对父母真情实感的信，提升书面表达能力，持久理解"春晖情 寸草心"的含义。

任务描述：

主题：爸爸妈妈，我想对您说。

请同学们结合生活中让你印象深刻的事例，把你想对他们说的话写成一封信，用恰当的语言表达自己的心里话，让他们了解你的想法，体会到你的感情。

评价量规：

评价维度及标准		
	充分表达感情	比较充分表达感情
典型事例写清楚	能够筛选出典型事例，并把典型事例的起因、经过、结果写清楚。	能够筛选出典型事例，但事例的起因、经过、结果交代不清楚。
典型事例写具体	1.能关注当时令人感动的场景，关注场景中特定环境的描写。2.能关注人物的语言、神态、动作等细节描写。3.能运用反复的修辞手法。	能关注事情发生时的场景、细节描写，但是不够具体；能运用反复的修辞手法。
典型事例中表达内心的触动	能在具体的事例的基础上，于恰当之处，用饱含深情的语言表达内心的触动。	能表达内心的触动，但是不够深刻、具体。

评价实施：

在第6、7课时学习活动中实施，通过尝试写作，对照标准反复评价、反复修改。

二、实施单元习作评价活动

1.读写结合，文本阅读要素助力习作标准的确立当确定习作的核心问题后，学生要想表达出真情实感不是一蹴而就的，需要借助文本梳理方法助力关键问题的解决，确定本次习作的标准。

（1）分享初稿，结合文本，确立"典型事例写清楚"的习作标准。

（2）关联场景、捕捉细节，用上反复修辞手法，确立"场景、细节"，写具体的习作标准。

（3）爱要大声说出来，确立"恰当之处抒真情"的习作标准。

通过以上三个任务，关注文本，读写结合，我们就确定了典型事例写清楚、场景细节写具体、恰当之处抒真情的习作标准。

2.依据标准，以评促改，发挥学生主体作用

确立了"典型事例写清楚""场景细节写具体""恰当之处抒真情"的习作标准后，编者开展了"爸爸妈妈，我想对您说"习作评析课。第一阶段对照"习作标准我回顾"，引导学生进一步加深对习作标准的理解。第二阶段对照"习作我会评"：首先请三位同学展示自己的习作，对照习作的标准，同位交流。

读了他的习作，我觉得其中最值得我学习的是＿＿＿＿＿＿＿＿（典型事例、场景、细节的描写、恰当之处抒情），最需要改进的是＿＿＿＿＿＿＿。建议你＿＿＿＿＿＿＿。

在此过程中，教师适时引导，以学生习作为例，重点指导学生把场景、细节描写以及抒真情的句式、方法，根据刚才的方式，同桌相互评价，给出修改建议。第三阶段对照"标准我会改"：学生根据习作标准，结合小伙伴给出的建议修改自己的习作，刚才展示习作的三位同学进行汇报，展示修改后的部分，体会效果。第四阶段对照"标准我推荐"，小组合作，把修改好的习作读给小组同学听一听，依据标准，互相评价，完成习作评价单，每组选择一个小小经纪人负责推荐本组优秀习作班级欣赏。

3.修改完成，认真誊抄，寄出真情

修改完后，学生把这封信誊抄在精美信纸上，把信悄悄放到爸爸妈妈枕头底下，表达对父母真情实感。

在本单元习作教学中，编者综合考虑教材的内容以及学生的实际情况，通过整合多种要素设计语文学习任务和评价任务和创设真实而富有

意义的学习情境，将本单元主题意义有效融入学生的生活实践中，从而拉近了语文学习与学生生活的距离，充分挖掘了大单元的学科育人价值。在本单元的学习中，学生不仅掌握了学科知识，更提升了综合素养，他们将会用一生持续地理解什么叫做"春晖情 寸草心"。而此刻，仅仅是一个开端而已。

核心素养导向的小学语文大单元
命题设计与研究

——以部编版小学语文二年级下册第六单元阅读鉴赏类命题为例

　　基础教育改革已进入核心素养时代，考试命题应由"知识立意""能力立意"走向"素养立意"。小学语文命题应围绕学科育人、立德树人的根本目的，以课程标准为依据，学科核心素养为导向，通过恰当而丰富的情景任务驱动，全面考察学生的价值观念、必备知识和学科关键能力等，实现对学科核心素养发展水平的有效测评。本文以二年级下册第六单元阅读与鉴赏类命题为例，浅谈核心素养导向的小学语文命题设计与研究。

单元基本信息			
单元主题	大自然的秘密	学　科	语文
所属领域	阅读与鉴赏	适用年级	二年级下
课文组成	《古诗二首》（《晓出净慈寺送林子方》《绝句》）《雷雨》《要是你在野外迷了路》《太空生活趣事多》		
语文要素	提取主要信息，了解课文主要内容 联系生活实际，了解课文主要内容		

一、紧扣课程标准，坚持依标命题

　　《义务教育语文课程标准》（2022 年版）指出：坚持依标命题，严格依据学业质量要求命题。

　　（一）课程标准陈述

　　在阅读过程中能根据提示提取文本的显性信息，能通过关键词句说出事物的特点，做简单的推测。

　　——选自《义务教育课程标准》（2022 版）学业质量 第一学段

　　阅读有趣的短文，发现、思考身边的鸟兽虫鱼、花草树木、家用电器等日常事物的奇妙之处，说出自己的想法。

　　第一学段，重在保护学生的好奇心、自信心、引导学生多观察相似事物的异同点，多问为什么。

　　——选自《义务教育课程标准》（2022 版）思辨性阅读与表达 第一学段

（二）课标要求分析

　　通过对第一学段阅读与鉴赏板块的学业质量和思辨性阅读与表达的课标要求初步分析，结合单元教材，我们可以发现，本单元意图让学生在知、行、为三个层面有以下发展：第一层面，是通过课文阅读，能够提取文本信息，说出文本的显性内容和事物特点，在阅读与鉴赏中，培养学生的思维能力；第二层面，是通过阅读有趣短文，能够联系生活经验，发现事物的奇妙之处，说出自己的想法，在表达与交流中培养学生的语言运用能力；第三层面，能把对事物的疑问写下来，表达出探索身边事物的兴趣，在实践与探究中培养学生审美创造能力。

二、指向素养目标，坚持素养立意

　　《义务教育语文课程标准》（2022 年版）指出：坚持素养立意，以核心素养为考察目标，全面考查学生核心素养的发展水平。以本单元为例，要坚持素养立意的测评，首先要明确本单元的素养测评目标是什么。

　　人文主题：大自然的秘密。语文要素：提取主要信息，了解课文内容。关注联系生活经验，了解课文内容。单元课文组成：《古诗二首》（《晓出净慈寺送林子方》《绝句》）《雷雨》《要是你在野外迷了路》《太空生活趣事多》。四篇课文既有描写自然景观的古诗，也有描绘自然现象，介绍自然奥秘的短文和儿童诗。

　　单元课后题分析：本组课文的课后练习《雷雨》要求学生说说雷雨前、雷雨中和雷雨后景色的变化；《要是你在野外迷了路》要求说说课文里写了哪几种天然的指南针，他们是怎样帮助人们辨别方向的；《太空生活趣事多》要求学生说说太空生活有哪些有趣的事情。本组课后习题主要是落实第一条语文要素"从课文中提取相关信息，了解课文的内容"，从而达成教学目标，也为中高年级形成对文本内容的整体感知、初步概括的能力打下良好基础。

《古诗二首》要求读诗句，想象画面学习；《要是你在野外迷了路》能了解一些辨别方向的方法；在《太空生活趣事多》的学习中，通过日常生活和太空生活的对比，感受太空生活的奇特有趣。这些都要调动学生的生活积累，获得感受和体验，主要是落实第二条语文要素"关注联系生活经验，了解课文内容"，使联系生活经验阅读逐渐成为一种能力。

本单元教材意图在达成以上两条语文要素的过程中，对学生进行语言文字运用和语文能力的培养，让学生在理解课文的过程中逐渐产生探索自然科学的兴趣和热爱大自然的情感。结合课标要求和教材意图，单元命题的素养测评目标确定为：1.通过本文阅读，能够提取主要信息，说出文本主要内容和事物特点；2.能够联系生活经验，发现自然科学的奇妙之处，说出自己的想法；3.能把对大自然的疑问写下来，表达出探索自然科学的兴趣和热爱大自然的情感。

三个层面从学生本位出发，体现了语文学科学习由课内到课外、由读到写的持续进阶的逻辑层次，遵循了学方法、用方法的学习规律，从阅读与鉴赏、表达与交流、审美创造的三位一体的语言实践过程中实现了语言发展、思维发展和品格的培养，共同指向语文科学的核心素养，体现了学科育人、立德树人的教育观。明确了单元素养目标后，就可以通过检测学生在素养测评中表现出来的学业质量，检验学生在本单元学习过程结束时核心素养的发展水平，为评价单元教育教学质量以及改进教学提供参考。

三、情景任务驱动，彰显学科育人

核心素养导向下的小学语文学业质量评价应该以情境任务作为载体，让学生在真实的、特定的情境中运用学科知识、学科能力、学科思维、解决实际问题，从而实现语文核心素养的不同水平的多样化表现。情境化命题的质量高低直接影响了评价的效度。

以本单元为例，阅读鉴赏板块的试题共 2 个大题，分别是：我是天气播报小达人和我是自然小百科。题型分别为非连续性文本阅读和自然科学小短文阅读。从命题材料的选择上，由以往的随机杂糅走向意义建构，以"大自然的秘密"这一单元主题意义为统领，选取同领域的材料组合起来设计命题，使之形成结构化的意义组合。这样可以聚合学生对材料主题的理解，凸显学科思维和育人特质，深化学科教育。

（一）从学校生活角度设计表现性任务情景

第二关：阅读鉴赏我最棒

★ 我是天气播报小达人——看图播报天气
　　同学们，左边图片展示的是某小学学校电子屏上的天气预报。现在请你来当班级天气预报员，请自己观察，
填写右侧的天气预报小达人发言稿吧。

6月23日
星期一

晴转多云
31℃-37℃

我是天气播报小达人
　　大家好，我是小林，现在为您播报天气。今天是＿＿月＿＿日，星期＿＿＿，天气＿＿＿，最高温度＿＿＿摄氏度，最低温度＿摄氏度，今天室外温度＿＿＿（较高　适中　较低），请同学们注意＿＿＿＿＿＿＿＿＿＿＿＿＿＿＿＿＿＿＿＿。
　　谢谢您的收听，祝您生活愉快！

　　学校和社会生活是学生学语文、用语文的天然情境。命题材料选择契合"大自然的秘密"这一单元人文主题，引导学生关注天气这一自然科学现象。这道题将非连续性文本阅读测评融入学生熟悉的日常班级活动的情境中，任务和情境高度融合。与常见的填空、选择、判断等非连续性文本试题相比，这道题的优点是不摆出"一副冷冰冰的考查学科知识技能的面孔"，而是将"提取主要信息"这一考查要求转化为特定情境下的言语实践任务，引导学生从"解答题目"走向"解决问题"，让知识向生活情境转化，从而体现学习的意义感。在情境中设定任务目的、任务对象、自我角色等要素，使学生产生强烈的代入感，自觉地将任务主体化，能让学生觉得自己作为"天气播报小达人"的思考探究是有意

义的，从而产生完成任务的内部动机。此外，情境任务促使学生必须考虑符合特定情境要求的信息输出。学生需要根据同学们对天气的关注需求到文中去提取相应的信息，结合生活经验对信息进行加工处理，提出应对天气的具体做法，表达对同学们身体健康的关心，完成"发言稿"的任务。任务情境关联学科关键能力，体现学科能力和学科思维的运用，有利于学生综合素养的表现。

（二）从文学体验角度设计语用情景

★我是自然小百科——读文说说你的发现和想法吧！

（一）仙人掌小知识

仙人掌的刺，其实是叶子演变而成的。仙人掌大多生活在沙漠等干旱地区，这些地方终年严重缺水。仙人掌的叶片面积较小，生成针形，减少水分蒸发，才能在沙漠中生存下去。仙人掌身上密布着的刺，还可以起到保护作用，防止它被动物吃掉。

仙人掌的茎肉质多浆（jiāng），外形粗壮，有利于储藏大量的水分。

而仙人掌的根茎扎得不深，范围很广，呈伞状，就是为了遇到下雨天时，能快速吸收水分到体内。

探险的人在沙漠中找不到水源时，就会寻找仙人掌，然后把皮剥掉，吸食它的水分。

【文章段落我标记】

1.这篇介绍仙人掌的短文共有（　　）个自然段，请标出序号。

【文章内容我梳理】

2.短文共介绍了仙人掌的刺、＿＿＿＿、根、＿＿＿＿。

【关键词句藏特点】

3.下列关于仙人掌的说法错误和一项是（＿＿＿）

A.仙人掌的刺，其实是叶子演变而成的

B.仙人掌的根，快速渗透水分到体内

C.仙人掌只能生活在沙漠里

D.仙人掌可以食用

【生活经验我链接】

4.在生活中，你还了解仙人掌的哪些作用？请你来写一写吧！

（二）月亮大还是星星大

大卡车经过我们身边的时候，看起来很大；当它离我们远了，看起来就像玩具卡车一样小，这告诉我们，＿＿＿＿＿＿＿＿。

看天上的月亮星星也是这个道理。

你站在地球上，月亮离地球非常近，比其他的星星离地球近多了。所以，月亮看起来大，星星看起来小。其实有很多星星比月亮大得多，比如在银河系的东岸，有一颗晶莹的牵牛星，比月亮大几万倍。要是把月亮比作一颗绿豆，那么牵牛星就是很大的一座电影院。因为牵牛星离地球远，月亮离地球近，所以看起来牵牛星就比月亮小了。

【文章内容我理解】

1. 请你读一读第一自然段，想一想下面哪个句子适合填在横线上。（　　）

A. 东西离我们近，看起来小，东西离我们远，看起来大。

B. 东西离我们近，看起来大，东西离我们远，看起来小。

2. 请你读一读第三自然段，说一说月亮是不是一定比星星大？从短文中举例说明。

＿＿＿＿＿＿＿＿＿＿＿＿＿＿＿＿＿＿＿＿＿＿＿＿＿＿＿＿＿＿

【我会思考有想法】

3. 读了短文，你明白了什么道理？

＿＿＿＿＿＿＿＿＿＿＿＿＿＿＿＿＿＿＿＿＿＿＿＿＿＿＿＿＿＿

【我的体验我表达】

4. 你观察过晚上的天空吗？你心中又有哪些小问号？请你写下来吧。

＿＿＿＿＿＿＿＿＿＿＿＿＿＿＿＿＿＿＿＿＿＿＿＿＿＿＿＿＿＿

以上两道题基于单元素养测评目标，设计与之相匹配的情境任务，使情境之中包裹着清晰的测评目标。在《仙人掌小知识》一题中，设计了"文章段落我标记、文章内容我梳理、关键词句藏特点、生活经验我链接"四个板块。在明确的测评框架下，体现了基础性、应用性、创新性、综合性，分别对应了单元测评目标1（通过本文阅读，能够提取主要信息，说出文本主要内容和事物特点）和单元测评目标2（能够联系生活经验，发现自然科学的奇妙之处，说出自己的想法）。将单元语文知识和语文要素的测评置于具体的语境中去考查，如在题干表述中，有"我标记""我梳理""我链接"等提示，有效驱动学生灵活、综合地运用所学知识解决实际问题，引导学生结合具体情境完成任务。

在《月亮大还是星星大》一题中，设计了"课文内容我理解、我会思考有想法、我的体验我表达"三个板块，设计了学生个体经验还原的情景任务，让学生通过阅读、比较、推断等方式辨别近大远小的现象以及真实情况之间的关系，发展学生的思辨性阅读能力，在完成任务的过程中充分表现其个性化的体验及思维成果，该情景任务的设计有利于学生开展体验、探究等学习活动，从学生不同的表现中，观测他们的素养表现和知识结构化水平。本题重点指向了单元素养测评目标3（能把对大自然的疑问写下来，表达出探索自然科学的兴趣和热爱大自然的情感）。这个设计有效地以语言运用带动起学生思维、审美等隐性素养的发展，体现了语文课程整体育人的目标要求。

素养导向的小学语文素养测评体现了评价从学科本位、知识本位向学生发展、素养本位的转变，是当下课程评价改革的主要方向。通过精心设计的试题，唤醒学生的兴趣和潜能，以评价促进学生语文学科核心素养的全面发展，充分发挥语文课程育人功能，最终使"核心素养"落地。

大单元教学设计关键技术之教材分析

大单元教学设计中背景分析由三部分构成：单元课标分析、单元教材分析和单元学情分析。下面是大单元教学关键技术之教材分析部分。

一、单元教材分析的意义

首先什么是教材呢？教材指教师指导学生学习的一切教学材料，包括教科书、教师参考用书、教辅材料、学生学习的内容以及学生参与的活动等，这些都叫作教材。

在之前的教学中，老师们在教材分析时常见问题有哪些？通过与很多之前自己的设计对比，我们发现，之前的教材分析都是为了分析而分析，只知教学设计中有这么一项内容，却不知道为什么而分析。另外，之前的教材分析只是针对本课或者本单元课本中既有内容进行分析，并且分析的内容、分析的方法不够规范、合理，包括我看到在一些省优课的教学设计的教材分析中也是出现了这样的问题。对教材缺乏分析，讲课照本宣科，书本上怎么写就原原本本地怎么讲，不明确为何分析、怎样分析，这确实是青年教师的普遍问题。因此，有效、合理、有方法指导的教材分析具有以下意义。

（一）学习目标清晰化的启示

教材分析就是教师凭借教材明确编者的编排意图、明确单元学习目标的过程。教师通过分析教学内容、借助助学系统，对教材做到深刻的理解，才能把握单元目标的方向。

（二）学习内容任务化的启示

只有充分理解教材，明确学习内容在整个学科、学段、单元或课时中所处的地位，知道内容的编排是如何体现对单元目标的分解的，才能对相应的学习内容进行优化，以及合理规划单元学习活动，制订具有适切性的学习目标和与之相匹配的学习任务。

（三）学习评价精准化的启示

通过分析学习内容、课后习题等，我们可以明确目标达成的途径是什么，针对每一个阶段的学习目标，应该制订什么样的评价任务。总之，教材分析的目的就是以"课程标准"为准绳，以"学习内容"为载体，以学生为中心，从学生的认知特点、兴趣点和学习需要出发，制订具有适切性的学习目标、学习任务和评价任务。

二、单元教材分析的路径

1. 对教材既有内容进行分析

包括教材内容的结构、性质、特点、背景等分析。具体来说，就是对本单元在整个教材体系中地位和作用纵向分析，以及本单元内容横向分析。

2. 既有内容与目标的关系分析

即分析教材单元涉及的学科知识与本单元指向的课程目标之间的关系，分析学生依托原有的学习基础，结合本单元的教材学习内容，能否达成本单元指向的课程目标。

3. 基于与课程目标的关系分析

进行相关处理，能达成目标怎么优化，不能达成目标怎么弥补？

以上就是礼轩小学单元教材分析的路径。接下来，我将结合部编版二年级下册"改变"单元进行具体的说明。

三、单元教材案例分析

（一）分析教材既有内容

1. 人文主题分析

本单元人文主题为"改变"，围绕主题本单元编排了四篇趣味横生的童话故事,虽然故事内容不同,但都通过不同的侧面去丰富学生体会"改变"所带来的不同结果,从而产生自己的判断和想法。本单元的人文主题指向了学生的成长:童话故事中小动物们的经历和困惑也是学生在成长中需要面临的问题。学生通过思考这些问题达到了认知和情感的发展。

2.本单元语文要素分析

本单元的阅读要素是"借助提示讲故事"。通过对部编教材"讲故事"的语文要素的梳理,发现第一学段主要是借助各种提示、按顺序来完整地讲故事。"借助提示讲故事"是本单元重点学习内容,它既是对一二年级提取信息和借助提示方法应用的巩固,同时又为中高年级复述故事打下基础。当把阅读的故事讲得有序、生动时,学生既能体会到童话人物的情感变化,又能更好地体会其中蕴含的道理。本单元指向的核心素养,既有语言的建构与运用维度的借助提示讲故事,也有思维的发展与提升维度的在读故事、讲故事过程的联想、想象。

3.单元学习内容分析

同时,我们又对本单元具体内容做了分析,通过分析每个板块内容的单元价值、教学侧重点以及课后习题,发现本单元内容共同指向"提示、讲故事"的学习方式,学生能依托已有的学习基础,通过朗读童话、梳理故事顺序、完善信息等方法来搭建讲故事的支架,能在句段与句段间,篇章与篇章间形成多回合的品读,并能在此基础上完整地复述。同时在系统的训练当中,迁移了语言运用、促进了思维发展、提升了审美能力。

(二)分析本单元知识与课程目标之间的关系

基于对以上教材既有内容的分析,我们发现学生依托原有的学习基础,结合本单元的学习内容,能够通过搭建的不同支架,完整地讲故事,并乐于与他人交流;能够在不同情境中,体会"改变"所带来的不同结果,产生自己的判断和想法。对照本单元所指向的课程目标,可以看出本单元内容能够达成目标的。

(三)基于与课程目标的关系进行相关处理

我们为了更好地达成课标要求,让教材更好地服务于学生的学,结合教学经验以及学生实际,对部分内容进行了调整、重组和补充。

1.按照故事情节的复杂程度由易到难调整了文章的顺序：《大象的耳朵》《蜘蛛开店》《小毛虫》《青蛙卖泥塘》。

2.为了拓展学生的思维，强化借助提示讲故事的方法，能够在情境中将本单元所学到的讲故事方法从课内迁移到课外，真正落实语文学科核心素养中的语言运用，选择了两篇课外童话作为补充：《奇怪的动物耳朵》《我和小鸟和铃铛》。

3.将原本独立的课文及语文园地里相关的栏目，通过创设"森林动物园招聘小导游"的真实情境，组成了一个整体。以大任务"森林动物园招聘小导游"为总领，设计了"动物故事我来讲""动物故事我发现""故事大王我来当"三个评价任务，引导学生先读故事、再根据示意图讲故事、再将课内知识迁移到课外、最后综合评选出"故事大王"。

总之，经过灵活调整重组和增补单元板块之间的内容，我们一共用了10课时完成了本单元教材既有内容以及添补内容的学习。大概念统领下的单元整体教学设计真正站在了学生学的角度，不管在教学时间、教学深度、教学时效性上都具有明显的优势。

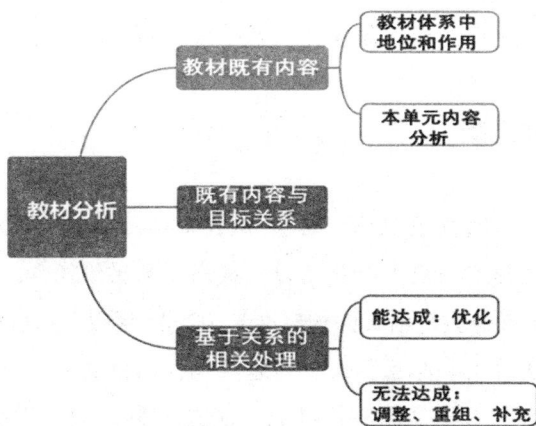

礼轩小学单元教材分析路径

小学语文"表达与交流"素养培育的策略与方法

——以高学段想象作文板块为例

《义务教育语文课程标准》（2022年版）提到"发展联想和想象，激发创造潜能"。想象力是儿童巨大的财富，想象作文作为小学作文的重要组成部分，不仅能为学生有效提升思维能力开辟广阔的发展空间，同时能够整体提高学生的语言运用和审美创造能力。可以说，对想象作文的教学研究亦是对语文核心素养培育方式的实践探寻。基于此，本文试以部编小学语文六年级下册"插上科学的翅膀飞"习作教学为例，从分析想象作文的课标要求出发，结合教材确定习作教学目标，围绕"定主题"激发想象、"明要点"指导方法、"搭支架"展示评改三方面探讨核心素养导向的小学语文高段想象作文教学策略与方法。

一、课程标准分析

（一）课标陈述

积极观察、感知生活，发展联想和想象，激发创造潜能，丰富语言经验，培养语言直觉，提高语言表现力和创造力，提高形象思维能力。

——选自《义务教育语文课程标准》（2022年版）总目标第6条

能写简单的记实作文和想象作文，内容具体，感情真实。

——选自《义务教育语文课程标准》（2022年版）第三学段表达与交流第4条

选取衣食住行、学校、地球、太空等某个方面，设计人工智能时代的未来生活，运用多样形式丰富自己的语言表达，呈现与分享奇思妙想。

——选自《义务教育语文课程标准》（2022 年版）第三学段跨学科学习任务群

写想象作文，想象丰富，生动有趣。

——选自《义务教育语文课程标准》（2022 年版）学业质量第三学段

（二）课标分析

通过《义务教育语文课程标准》（2022 年版）总目标、学段目标、任务群及学业质量的相关想象作文的描述可以看出：第三学段在低学段"写想象中的事物"和中段"把想象的内容写清楚"的基础上，明确提出写"想象作文"，并要求内容具体，感情真实，还要生动有趣。特别是在小学高段拓展型任务群"跨学科学习"中提出从"衣食住行、学校、地球、太空等某个方面"展开奇思妙想，从中让学生增知识，广见闻，拓展生活、科学知识的储备，拓展自己的眼界，掘开"生活"之源，破解想象力受限的怪圈，这对于高年级想象作文的指导更加具体化。由此可见，新课标对各学段想象作文提出了持续进阶的学习目标，对学生想象力的培养有一个明晰的脉络，呈现层次化、序列化的特点，以期借助想象作文的教学，着力培养学生想象力和创造性思维能力，实现学生思维能力、语言运用、审美创造、文化自信的整体发展，促进学生语文核心素养形成转化。

二、教材分析

（一）部编版小学语文教材想象类习作各年级主题和要素纵向梳理

学　段	册　次	主　题	习作要素
第一学段	二上	看图写话	写图中发生的故事。
	二下	看图写话	写心中的问号。
第二学段	三上	我来编童话	试着自己编童话、写童话。
	三上	续写故事	尝试续编故事。
	三下	奇妙的想象	发挥想象写故事，创造自己的想象世界。

	三下	这样的想象真有趣	根据提示，展开想象，尝试编童话故事。
第二学段	四上	我和××过一天	展开想象写一个故事。
	四下	我的奇思妙想	展开奇思妙想，写一写自己想发明的东西。
	四下	故事新编	按自己的想法新编故事。
第三学段	五上	二十年后的家乡	学习列提纲，分段叙述。
	五下	神奇的探险之旅	根据情境编故事，把事情的发展变化过程写具体。
	六上	变形记	发挥想象，把重点部分写得详细一些。
	六上	笔尖流出的故事	发挥想象，创编生活故事。
	六下	插上科学的翅膀飞	展开想象，写科幻故事。

综上可见，在小学低年级仅是初步进行想象写话，以看图写话为主要内容，激发写话的兴趣，保护和培植学生想象力；中年级开始循序渐进地训练学生写把想象的内容写清楚，习作题材一般是想象故事，要求习作篇章情节完整、记叙有序、想象奇特；高年级随着学生具体形象思维和抽象逻辑思维能力的增强以及知识储备的增加，明确提出写想象作文，习作题材也从写想象故事逐渐过渡到写未来的世界，如五年级上册"二十年后的家乡"、六年级下册"插上科学的翅膀飞"，单元习作要素对于方法的指导也更加具体，如分段叙述、把发展变化写具体、把重点部分写详细等，并要求习作不仅想象丰富，还要内容具体详细、生动有趣，并能够表达自己的情感。教材编排依据课标，充分考虑学生年段特点，编排立体化、题材生活化以及指导具体化的特点，通过想象类习作的学习，有目的、有方法、有层次地逐步提高学生想象力，发展创造性思维。

（二）本单元教材分析

本单元的习作要素：展开想象，写科幻故事。这是学生第一次尝试写科幻故事。与以往的想象类习作不同,本次习作要结合科幻故事的特点,借助相关的科学知识展开想象。这对提高学生的科学素养,发展他们的创造性思维能力有积极的促进作用。本单元课文《他们那时候多有趣啊》就是一篇科幻小说,为本次习作提供了很好的范例,体现了读写之间的紧密联系。在指导本单元习作的过程中,也可以借助这一课的学习,关注课文奇特的想象,让学生感知科幻故事的基本特点,启发学生展开科学幻想,为单元习作做好铺垫。

（三）确定单元目标

基于上述分析确定本次想象类习作的目标为:1.能展开丰富的想象,写出奇特而又令人信服的科幻故事；2.能和同学交流分享并修改习作。

三、素养培育的策略与方法

（一）"定主题"激发想象

本次习作的主题是"插上科学的翅膀飞",写一个科幻故事。习作时,学生首先要发挥天马行空的想象,其次能"插上科学的翅膀",也就是在想象中要能带有一些科学的元素,再次既然是写科幻"故事",就要求有一定的可读性、故事性,从故事的角色、情节、活动环境等方面进行习作构思。

教材第一部分,首先展现了三幅插图,为学生的想象拓展空间,引导学生确定习作主题。第一幅插图画的是大脑可以直接从书上拷贝知识,可以引发学生展开人工智能、新式学习等方面的科学幻想；第二幅插图画的是火星,可以启发学生展开太空生活、星球探索等方面的科学幻想；第三幅插图画的是借用时光机穿越到恐龙时代的情景,可以启迪学生展开时空穿越、物种演化等方面的科学幻想。三幅插图旨在从不同的角度引导学生展开科学幻想,文中的省略号又给学生多维度地拓宽了想象空间,教学时,教师可引导学生梳理出一些不同的角度,然后借助这些角度,激发学生的想象力,明确本次习作的主题,创编故事。

（二）"明要点"指导方法

确定主题后,就需要明确科幻故事的习作要点。一是明确什么是科

幻故事？教材第二部分提出"你印象最深刻的科幻故事是什么"，目的
是通过交流唤醒学生的已有经验，在交流中感知什么是科幻故事，并借
此打开思路。

二是明确科幻故事有什么特点？教材引导学生交流"故事里写了哪
些现实中并不存在，却看起来令人信服的科学技术"，目的是让学生认
识科幻故事的特点，即既有大胆而奇特的想象，又是建立在科技发展的
合理设想基础上，能够令人信服。再次对于"这些科学技术对人们的生
活和命运产生了什么影响"的交流，可以让学生认识到科幻故事中的科
幻成分与人的生活命运有密切的关系。

三是科幻故事该怎样写？通过"在你的笔下，人物的生活环境会是
怎样的""他们可能运用哪些不可思议的科学技术""这些科学技术使
故事中的人物有了怎样的奇特经历"三个问题，引导学生分别从故事人物、
故事环境、故事情节方面进行整体的习作构思，并强调在科幻故事中恰
当地运用一些科学知识、技术来解决故事中的问题。特别是"这些科学
技术使故事中的人物有了怎样的奇特经历"这个问题，重点聚焦情节构思。
教学中，引导学生通过设置悬念、制造误会、生成矛盾等方法，让故事
情节更加曲折、有趣。如，可以引导学生想象：现代地球人来到未来地球，
被当作是入侵者，遭到了攻击，现代地球人该如何运用一些科学技术脱
险？现代地球人又该如何运用科学技术与未来地球人沟通对话？教学时，
要引导学生充分发表想法，说说自己想写什么内容，预设了哪些故事情节，
然后组织学生互相提建议，也可以互相提一些问题帮助梳理思路。明确
这三个基本的习作要点后学生就可以大胆放飞自己的想象了。

（三）"搭支架"展示评改

目前想象作文教学没有明确的评价标准，多以"想象丰富""想象大胆"
等抽象标准来评价想象作文的优良，这样的评价随意且缺乏针对性。想
象作文和其他类型作文相比最突出的特点在于想象，追求想象、语言表
达和情感的统一。从想象作文特点出发，结合本单元科幻故事习作要求，
笔者从以下几个方面设计想象作文评价标准，为学生评改习作搭建支架，
促进教与学的反思与调整。

想象作文"科幻故事"习作评价标准				
评价维度	评价指标	等级描述		
		优 秀	良 好	需努力
主题明确	中心突出	1.能明确地告诉读者，作文想要表达的中心思想。2.能紧密围绕某一主题写，不偏离。如，素材、情节、情感等。	有主题，能围绕主题写。	主题偏离，中心不突出。
想象丰富	故事内容具体	1.想象内容的丰富程度较高，头脑中表象储备的数量多。2.内容描述得充分具体。如，新事物样子、特点清晰，未来活动过程具体。	想象内容的丰富程度一般，描述事物的样子，能写出故事内容。	想象内容不够丰富，故事不具体。
想象独特	故事情节有趣	1.故事情节想象新颖奇特，富有创造性。2.故事情节的设计跌宕起伏，出其不意。3.故事描述生动有趣，令读者回味无穷。	能写出故事情节，但想象力不足，创造性一般。	故事情节平铺直叙，平淡、老套。
想象合理	立足现实符合逻辑	1.能用科学知识做支撑，令人信服。2.能在现实的基础上进行联想和想象，合乎逻辑。	能写出一定的科学知识，基本合乎逻辑。	想象不合理，没有科学知识支撑。
情感真实	感受深刻思想鲜明	1.能把自己的感受和体会融入故事中，能通过想象发现自己，表达自己，表达内心世界的真。2.思想鲜明。或通过想象表达对现实生活中各种不合理现象的讽刺，或通过想象表达对美好事物的向往。	能在结尾抒发一定的内心感受。	没有抒发自己的真情实感。

正如鲁迅先生所说："孩子是可以敬服的，他常常想到星月以上的境界，想到地面下的情形，想到花卉的用处，想到昆虫的语言；他想飞上天空，他想潜入蚁穴……"儿童具有丰富的想象潜力，语文课程肩负着培养学生想象力的任务。语文教师要做好那个启发想象的引路人，通过想象作文教学，找到打开想象之门的金钥匙，引导学生积极观察、感知生活，激发学生的想象兴趣，创设想象意境，激励学生用饱含深情的笔，写出充满趣味的想象作文，从而提升学生的联想和想象能力、发展学生的核心素养。

小学语文六年级大单元教学实践心得与总结

——用语文的眼光看世界

尊敬的各位领导、老师：

大家好！今天很荣幸能和大家在此相聚，感谢区教研中心工作会议，为我们提供了相互交流和学习提高的机会。受领导委托，在此谈谈我校在六年级语文教学工作的一些教学心得。以下是我的几点拙见，供大家参考，请大家提出宝贵意见。

一、我的语文教育观——用语文的眼光看世界

我们日复一日地教语文，仿佛已经忽略了我们为什么教语文，仅仅为了学生能考高分吗？是，毋庸置疑，但是又不尽然。任何为了提分而教的做法都是不明智的，也是我们语文老师必须时刻警醒的。说到底，分数只是附属产品。我们需时刻思考学生为什么学语文？学语文有什么用？一个人从牙牙学语开始到遣词造句、到清楚表达、到文采飞扬及对文学之美的赏析，都离不开语文。学生是成长的人，是学习的人，教师的职责就是引导陪伴学生更好地成长与发展。语文教育是一种人文教育，语文课堂是思维形成的训练场。语文核心素养的培养是一个复杂长期的过程，其中包含了必备知识、关键能力、学科素养、核心价值的培养。语文核心素养一旦形成便会慢慢积淀，伴随一生，并发挥其独特的育人功能，促进人的全面发展，使其适应社会发展的需要。

因此，我们最终是为了帮助引导培养学生形成语文核心素养而教语文。我们的语文教育需时刻考虑对学生的语文核心素养的培养，尽可能

多地引导与培育学生生命成长与发展。这样，我们才能以学科教学活动为载体，以学科核心素养为中心有温情地、创新地促进学生健康优秀的发展，而不会陷入唯分数论的学科本位观，仅成为学科专业知识的说教者。简言之，当学生能用语文的眼光看世界时，我们的语文教学就成功了。

二、我的语文情怀——唯有热爱方可成就

如果说兴趣是最好的老师，那么热爱就是最好的情怀。对祖国语言文字无限的热爱是一个语文老师的底色，用好文本教好语文是一个语文老师须坚守的本色。中华文明源远流长，仅是一个个古老而又散发活力的汉字都有着无穷的魅力。我始终认为，引导学生树立文化自信、培养家国情怀是语文教师义不容辞的责任。我喜欢师生互动、教学相长的课堂，我喜欢看到我的学生晶亮的眼睛，我致力于打造这样的课堂。精讲不仅是教学的绝招，也是语文教师的功底与魅力，它能感染学生对教师的敬佩与信服，从而热爱语文学习；朗读是语文教学的法宝，更是培养语文学习兴趣，训练学生记忆力和提升学生语言表达力、感悟力的有效途径。精读精讲，感染启迪学生对语言文字美感张力的熏陶。如文本中的精妙处、优美处、学生喜爱处、体会深刻处等，教师就要精讲、讲透。特别是对于学生以目前知识水平与理解力掌握不了的文本与文段，教师就要讲出自己的感悟与特色，去感染与熏陶学生，诱发启迪学生。这既是教师语文专业素养的体现，更是给学生语文学习的榜样与熏陶，能激发学生对语文，语言的学习兴趣，更加深对语文的情感，对语言的热爱。总之，领悟语文学科核心素养内涵，以教师的热爱点燃学生的热爱，以教师的情怀点燃学生的情怀，从而成就学生语文学习的新高度。

三、我的语文课堂——学科育人的主阵地

礼轩小学在孙镜峰校长的带领下实施大概念教学改革。基于大概念的语文单元整体教学需要教师对教材有整体的、立体的把握。它聚焦目标，训练思维，提高学生的语文综合素养，改变我们以前传统的教学低下的教学形态。在核心素养视域下，学习单元是最小的课程整体，一般

以主题为中心，具有独立性和系统性的特点。"单元"不再只是内容单位，更是一种学习单位、微型课程，是一个相对独立且完整的教育事件。例如一些人文类篇目中，大都涉及责任、爱国、奉献、善良等重要精神、道德修养。如果仅以教师的讲解与分析让学生被动接受文本中心，学生未对文本作真正探究理解，那么这些文本的精神主旨就很难深入学生心底，更别说形成深刻感悟而指导学生思想与行动实践。语文教师应该引领学生发现文本的不同价值。如六年级上册第二单元主题为革命故事，语文要素为点面结合写场面，共包含了《七律长征》《狼牙山五壮士》《开国大典》和略读课文《灯光》《我的战友邱少云》五篇文本。《七律长征》指向单元主题意义，单元起始我与学生同读长征故事，了解长征背景，每天早读分享长征故事，以此作为情感铺垫来感受《七律长征》的革命乐观主义和红军战士大无畏精神。其次借精读课文《狼牙山五壮士》和略读课文《我的战友邱少云》这个真实革命历史事件的学习，理解"五壮士"而不是"五战士"的真正含义，理解什么叫"抛头颅洒热血"，直至代入体会"如果你是'五壮士'、邱少云，你会怎么做，你为什么这么做"，引导学生从字里行间体悟革命战士光辉的人物形象。然后结合《灯光》一文的学习将学生的思维拉回现实，对接现实意义：作为新时期的小学生你应该为祖国建设做什么。至此学生对本单元的主题意义的理解基本到位，教育的根本目的是立德树人。正是由于无数革命先烈的牺牲才迎来了隆重庄严的"开国大典"，基于前面几篇文本的情感铺垫，《开国大典》一文的学习变得相对容易。本课教学目标则指向了习作要素的落实，课文虽长，但写了什么显而易见，而怎么写就成了本课的教学重点，以文为范，随文学习，读写结合，本课的教学与单元习作相结合，就使得"点面结合写场面"语文要素的落地更加顺利。学生的作文就是检验单元要素落实的标准，当看到学生的作文中写道"升旗仪式上，注视着鲜艳的五星红旗冉冉升起，我仿佛看到了茫茫草地上皑皑雪山上的小红军，我仿佛看到了烈火中一动不动的邱少云，我又仿佛看到了勇跳悬崖的狼牙山五壮士"时，我想本单元的教学目标已然达成，学科育人得到了真正落实。学科核心素养是高度凝练的学科教学目标，因此学科核心素养常常就是比较高位的"大概念"。基于大概念的语文单元整体教学让我们不再是"教教材",而是"用教材教",让语文课堂真正成为学科育人主阵地。

四、我们礼轩人——一家人一条心

礼轩潜力生:

礼轩小学新建,生源复杂,六年级的学生来自不同的学校不同的班级,我又是新接的这个班,刚刚接手时,我十分苦恼,虽然他们坐在我的教室里,但从心里他们不认我这个老师,眼神里带着挑战。记得颜同学性格狂傲、玩世不恭,完全不把老师放在眼里,更不接受老师的建议批评,第一次考试语文成绩只有 20 几分,当堂顶撞老师,课堂别说教学相长,正常课堂秩序都不能保证。高同学虽不打闹,但是在学习上既不愿做也不愿想,语文能考 20 几分。对于学困生我一直没有放弃,我跟他们谈心:语文是艺术,语文不讨厌还很有用,语文也不难学,不要放弃。我深知抓学困生就是抓质量,学困生身上蕴藏着巨大进步空间。我常常跟同学们说,颜同学和高同学是我们的手足兄弟,他们每个人进步 40 分我们的平均分就能进步 1 分,谁歧视他们谁就是不想要这 1 分了。最终他们都没有让我失望,每个人都进步到了 70 多分。记得高同学在最后的作文中说,我要当黑马。我把她本来送我的"越努力越幸运"的牌子挂在她的胸前,仿佛那就是一个花季少年最美好的祝愿。每一个孩子都是祖国的花朵,每个学生都很珍贵。

礼轩小战士:

引导学生树立责任意识和荣誉意识。作为第一批礼轩毕业生,我们六年级的使命就是为礼轩荣誉而战,激发学生的集体荣誉感,为学弟学妹们树立榜样。但这批学生经历了新冠疫情,在家半年,部编教材也是从五年级才开始接触,整个班级语文素养并不突出,学困生语文素养较差,大概念虽好,但是做好的前提是,要想方设法做好基础性阅读,就是读书、写字,必须先要做到位。那么,有没有简单有效的方法和途径呢?通过学校集体教研,我们确立了两条道路。其一是发挥早读的力量。集体大声朗读能振作精神，辅助记忆，专注读书，在熟读成诵中积累基础知识，弥补部分学困生预习的不足，加深一般学生对课文的理解。书读百遍其义自见，大声朗读是深入的阅读，是声音、文字与情感交融的阅读，声音唤醒文字，朗读触动心灵。其二是高度重视书写指导，学校设立午写时间，教师示范写生字，学生认真临摹，练字过程就是静心的过程，更是训练学生专注、认真态度的过程。这是个简单有效的办法。我们做实了。

礼轩好校长：

孙校长经常来转课堂，给我们当副班主任，一起教育学生。在校长的严格教育下，多动又容易激动的桑同学，狂傲的颜同学等屡教不改的学生都改了。六年级毕业班学生学习任务重，但学生们刻苦而不痛苦，特别是孙校长最后一个月每周的暖心肯德基午餐让同学们感动不已，学生们亲切地称他为"峰哥"。家长们纷纷写来感谢信，表示遇到这么严而有爱的校长是孩子们的福气。

礼轩好搭档：

我校孙镜峰校长积极倡导团结合作的教研文化，一个人可以走得更快，一群人才能走得更远。我与同级部的孙苗苗老师，随时随地教研，我们一起研究备课一起研究命题，一起分析试卷，两个班级的学生互相促进，你追我赶，情如兄弟，形成良性竞争。没有团结合作的教研文化就没有共赢的新局面。

总之，礼轩小学教学成绩的取得得益于区教体局和区教研中心的正确领导，得益于全体师生的共同努力。语文教学的研究永远在路上，我校大概念引领下的语文教学实践之旅永远在路上，我们将及时总结经验，不断吸取兄弟单位好的做法，努力把我校语文教育教学工作提高到一个新水平。

第四章　核心素养导向的小学语文大单元教学教研共同体建设

教研共同体：大单元教学教研共同体建设

礼轩小学语文团队目前由 30 名教师组成，有历城名师，有"骨干"教师，同时，也有不少刚走向工作岗位，但是有想法、有干劲、敢于大胆创新的年轻教师。我们是一个积极向上、团结合作的集体。两年以来，在孙校长、边校长、李主任等领导的关心指导下，在学校的大力支持下，我们语文组老师们的教学水平和综合能力不断提升，团队建设成效显著。

一、教研文化：抓落实、重实效、合作共赢

（一）提前规划教研活动内容，有目标、有方向、求实效

我们每周二教研活动的内容都是经过共同商讨，并在孙校长等领导的精心指导下确定的，提前发到群内，让老师们提前做好计划和准备，积极参与到研讨活动中来。这就使得我们每周教研活动有目标、有方向，有计划，从而也就更有效。孙校长更是不管多忙，都会抽空参加、指导我们的教研活动。

（二）加强团队建设，提高研究实效

1. 首先细化教研组管理

教研形式：集中教研和分散教研相结合。教研有两种，一个是大教研。大教研时间是每周二下午，人人参与，定时间、定地点、定主题，以集中教研方式开展。另外一个是小教研，小教研时间是每天下午下班前，年级组内教师交流、反思当天的教学，并对第二天的教学内容进行简单的说课。年级组内尽量统一进度，但又根据各班情况进行适时的调整。

2.明确备课组长的职责

备课组长负责组织实施，发挥领导带头作用，保证教研效果，尤其注重以集体备课为依托展开教研活动，做到每次活动有主题，老师们轮流担任中心发言人。

3.要做好活动记录

保存好所有的原始材料，便于老师们进行反思和总结。语文团队的老师们齐心协力，发挥集体的智慧，包括最近一段时间我们进行的优秀作业设计、语言文字达标工作等活动，各级部分工明确，高质量地完成了各项工作。

（三）各项工作要求实、求效

语文组力求做到凡事有布置，有落实，更要有检查，有反馈。教师每周练习的钢笔字、粉笔字，朗读课文的录音、常规检查等都有详细记录，不回避问题，根据过程中出现的问题进行及时的调整。另外，学科组、年级组内教师进行捆绑式评价，统一考核以上教研内容。这就决定了老师们只有加强合作，才能实现共赢。

二、加强教学管理，提升教学质量

接下来，我将从常规教研和基于单元整体教学设计的深度教研两方面汇报教研的核心内容。

（一）常规教研

我们优化了备课形式，尝试电子集体备课和个人课本二次备课相结合的方式。同级部教师相互合作，资源共享，并结合本班实际对备课内容进行修改、优化，在教学过程中加以调整，写好教学反思。加强合作的同时鼓励创新上课形式、求同存异、百花齐放。

规范教研组活动，提升教学实效。我们所有工作都紧紧围绕语文教学开展，除了平时的常规课以外，为提升教师和学生的书写和朗读能力，我们语文组还开发了特色朗读指导课和书法指导课。同年级组共同备课，全体语文教师都参与听课、评课、改课。老师们通过自身实践和合作讨论，学习成功的案例，反思自己的教学，不断发展、提高自己的教学水平。

教学常规检查常抓不懈，落实到位。为了使教学工作规范化、条理化，我们每月都进行教学常规检查，抓落实，不走过场形式，认真细致。每一位教师都做好精心备课、授课、批改作业、辅导学生、教学质量分析和总结教学等工作，发现问题及时整改。扎扎实实做好常规工作，做好教学的每一件事，提升我们的教学质量。

研究教材、深挖命题特点，教师自主命题，提高命题能力。我们学生平时做的过关检测都是经过老师们在深度解读教材之后精心设计的。

（二）深度教研

大单元教学作为学校的特色项目，全部教师参与其中。老师们积极参加培训，积极参与单元整体教学的研讨、磨课，并随时做好记录和反思，推动单元整体教学实践。这提升了课堂教学质量，促进了教师的专业成长。

三、为教师成长、学生发展搭建平台

我们学校年轻教师居多，而语文团队更是一个有着超强后备力量的团队。因此，学校特别注重对青年教师的培养，为他们的发展提供平台和机会。

首先，为提高语文教师的基本功，我们制订了雷打不动的"三个一"计划。每周一次粉笔字、每周一张钢笔字，每周一次朗读录音。在孙校长的鼓励和老师们长期的坚持下，语文教师的书写和朗读能力不断提高。

其次，为提高语文教师的教学水平，打造高效课堂，我们开展了青蓝工程师徒结对，以及青年教师达标课、骨干教师示范课等活动。年轻教师在师傅的指导及本年级集体教研的启发下，进行了一次次的修改和试讲，过程中不仅提高了解读课标、教材的能力，提高了自己的授课水平，更体会到了团队合作的重要性。

再次，发挥活动功效，确保教师成长。我们积极参加各种线上、线下培训、观摩活动，认真做好记录，及时进行反思。老师们在一次次的活动中，得到了锻炼和成长。

最后，以全员教学大比武为契机，提升语文教师专业水平和综合能力。根据区全员大比武开展语文学科全员教师素质提升研究活动。针对做题、

命题和说题三大项进行研讨，并且进行自主命题，精心备考。

四、搭建发展语文素养的舞台，提高学生语文素养

礼轩小学为学生的全面发展开设了七大学院，语文学科是文学院，主要有阅读、书法、演讲、校刊等部门。每一项都给有兴趣、有特长的孩子提供发展和展示的舞台。孩子在一次次的活动中得到锻炼和成长，提高了自信心，不仅体会到了学习语文的乐趣，更提高了自己的语文素养。

五、双减背景下的分层作业设计

为了落实"双减"政策，语文团队确立了以"作业管理"为重点，在各级部在备课组长的带领下，积极探索本年级"减负提质"作业分层的有效策略与方法。作业管理，首先控制作业时间；其次控制作业总量，提高作业质量；最后重视作业反馈。我们的作业设计，涵盖基础性、技能综合性和实践研究性作业内容，既减轻了学生和老师的负担，提高了效率，同时各年级在探索的过程中逐步形成了本年级的特色。

总之，"学无止境、教无止境、研无止境"短短 12 个字充分概括了我们接下来教学教研的方向与精髓。我们相信，在学校领导的支持下、在全体语文教师的共同努力下，我们的教研共同体能为大单元教学打下坚实的基础，成为大单元教学有力的"催化剂"。

我在教研共同体中成长

——聚焦"大单元"，分享"真"故事

一、初遇"顽石"做"愚公"

"礼轩小学的每位老师都要进行大单元的学习、设计和实施！"礼轩小学建校伊始，孙校长的这句话让老师们感到新奇的同时也产生了一连串的问号：何为大单元？它与我们平时的教学有什么区别？它的教学设计包括哪些内容？怎么设计？它有何魅力能让校长如此坚定地在全校推广？这一系列的问题反复回荡在老师们脑海中。带着这些疑问，礼轩小学的老师们踏上了大单元教学学习之路！

一场场专家报告、培训讲座随之而来。老师们从一开始听的懵懵懂懂，到渐渐的听出了门道，纷纷用心记录下每次学习的感受，更有老师初步感受到了大单元教学的趣味，产生了尝试大单元设计的冲动。可谁知，当真正做起来的时候才发现，大单元这块"顽石"并非那么容易攻克。随着设计的深入，老师们的问题和困惑也越来越多。孤军奋战，其力有限，众志成城，坚不可摧。正如边老师所说，一个人可能走得更快，但一群人一定会走得更远。礼轩小学充分发挥教研组的作用，在共研共享中，开启了移山之路。

二、研思同行克难关

（一）大单元教学设计之教研故事

夏日炎炎，时光清浅，唯有教研的芳华，沉香流年。2021 年 7 月 11

日，在礼轩小学二楼会议室里，语文团队五年级老师们在第六单元教学设计过程中，就单元人文主题及单元大任务的设计碰撞出了思维的火花。

还记得那是 2021 年的暑假，安静的礼轩校园只有二楼会议室还不时传来此起彼伏的讨论声。那是我们五年级备课组在进行五年级上册第六单元"舐犊情深"的单元设计。设计伊始，老师们就对本单元人文主题"舐犊情深"提出了自己的疑问。"舐犊情深"更多的是教材的编者站在成人的角度提出的，意图让学生从中体会父母之爱，但能否有更好的主题呢？不仅能让学生体会来自父母的爱，更能启发学生在感受父母之爱的同时，回报父母之爱。这样就站在了学生的角度，也更能体现我们学科育人的目标。当时我纳闷，怎么还能随便修改教材呢？敬卫老师跟我们说教材只是我们教学的材料，是教学内容的载体，是实现我们教学目标的工具。教学目标是教学活动的出发点和归宿，我们要透过教材，看到教材背后对学生学习能力和素养的要求，从教学的实际出发，灵活地、创造性地使用教材。那什么样的主题才更契合本单元的教学呢？当时老师们想出了好几个，但都被否定了。我们静坐在电脑前冥思苦想，十分钟过去了，半个小时过去了……老师们一个个相顾无言，愁眉苦脸，会议室里出奇的安静。这时苗苗老师提议我们去上厕所吧，换换思路。我们在去厕所的路上看到教学楼外面的展板上张贴着学生书写的古诗《游子吟》，苗苗老师说：谁言寸草心，报得三春晖，咱引用"寸草心"可以吗？引导学生回报父母的爱。于是我们厕所都没来得及上，赶紧回去和其他几位老师一起商量。这时点子最多的敬卫老师说"寸草心"不如"春晖情 寸草心"，这样更全面，它既指小草微薄的心意报答不了春日阳光的深情，又说出了父母的恩情深重，难以报答。这正是我们想要的主题啊。的确，在设计过程中我们遇到了各种各样的困难，每一步都走得异常艰难，毫不夸张地说，折磨得我们吃不下饭、睡不着觉，甚至一度想放弃。但庆幸的是我们最终坚持了下来。每次的困惑和纠结往往是在深夜里、饭桌上、走廊中甚至是在去厕所的路上茅塞顿开；往往是刚刚沉浸在成功的喜悦中，接着又遇到了新的问题……但正因为我们拥有"山重水复疑无路"的艰难历程，所以才更拥有"柳暗花明又一村"的喜悦和自豪，正因为经历了与大单元"相杀"的痛苦过程，所以我们团队的老师才更加为大单元着迷。

这就是我们语文团队一次解决真问题、探索新方向的成长之旅。研讨过程中，我们彼此间有认同，有碰撞，有质疑，有补充，帮助年轻教师树立了可以根据目标，灵活地、创造性地使用教材的新观念。同时，从学生的角度出发，基于单元主题创设了"我心中的春晖情寸草心"的大任务，用大任务驱动学生学习，并研讨出"父母之爱我来品""父母之爱我来报"和"父母之爱我来写"三个子任务，让学生的语文学习和生活密切相连，在生活中学习、感受语文，直指学生核心素养的形成。除了团队研讨之外，老师们还查阅资料、反复回放专家、教师研讨录音，认真修改自己的设计，走廊里、饭桌上，甚至去厕所的路上都成了老师们教研的场所。此刻想来，解决问题的过程其实也并非那么困难，当时我们坐在电脑前一晚打不出一个字的挫败感，一次次相顾无言的失落感，研讨过程中发生的小"争执"，以及解决问题后的成就感，都是我们最宝贵的财富。礼轩小学每一个教研组就是在这样一次次不断地碰撞与融合当中，解决了大单元教学设计中一个个问题。

（二）大单元教学实施之教研故事

学然后知不足，教然后知困。从教学设计走向真实的课堂，也是一个"山重水复疑无路，柳暗花明又一村"的过程。张博士在一次指导会上说：设计好不好，必须要到课堂中去检验。正因为在实际教学中真正感受到大单元带给我和学生的改变，才使我们彻底爱上了大单元。

五年级下册第五单元是习作单元，要求学生能够综合运用选取的典型事例与细节描写，写出一篇凸显人物特点的文章。在实际教学中，我又遇到了难题。其一：很多孩子在习作过程中选取了像"妈妈送伞""妈妈给我做饭"这样的事例，那这样的事例算不算"典型"？如果算"典型事例"，那选取事例时的依据是什么？典型事例与具体事例有什么区别？其二：部分学生对于人物描写的方法掌握得不错，事例也很典型，为什么他的文章还是写不出鲜活的人物特点？正当我愁眉不展时，张博士又为我们指点了迷津。张博士说，写作并不仅仅是对特定方法的运用和训练，而是一个人不断成熟，对人、事能深刻观察和认识的过程。由此可见，写作的过程，其实就是学生不断成长、生命不断丰厚以及实现语文核心素养的过程。因此，作为教师，我们更应该引导孩子们读懂文本背后的"人情世故"。学生为何选取这个事例，除了事例本身之外，更多的是因为所写人物做的这件事在他成长过程中带给他深刻的感触，让他对这个人有了入木三分的认识，他才会通过人物描写的方法，加之典型事例的叙述，最终写出人物鲜明的特点。所以，关于体悟典型事例的选取方法，需要学生在大量阅读的基础上，通过不断地反思，才能有些微"悟"。另外，张博士提到，写作是创造性的、综合性的活动。写作必须要有创意，学生没有一定的积累，是很难实现创新的。学生在创新地写作之前，需要有相应的"听、说"的练习。学生对人的观察能力、学生平时字词句的积累能力、写作方法的积累等，教师都需要考虑到。通过张博士的指导，我发现我们对学情的分析还不够透彻。于是我又重新对班级的学生学习情况做了调查分析，重新聚焦于学生写作中出现的难点问题，给需要的学生搭建支架，从句到篇再到章的练习循序渐进，经过系统的练习之后，孩子们写出的习作真的让我们惊喜。

我们看到了学生身上的变化。之前提起习作，孩子们总是苦不堪言，一提笔就皱眉，一布置习作就撇嘴。而学习本单元后，学生们正慢慢转变对习作的态度，一部分学生对习作产生了浓厚的兴趣。学生在不断的练写、修改的过程中，总结出了写人记事类文章的写作方法，对身边的人有了更加深刻的认识和理解。从而也体会到了"众生百相，人生百态"的含义。在整个单元的学习中，我从学生身上看到学生内心产生了愿意做事情的意愿。学生在真实情境学习的过程中用知识和能力解决问题，丰富自己对他人、对社会的认识。家长们也纷纷向我诉说孩子的成长和进步。我不禁感慨，原来大单元设计可以给学生带来这么大变化。不仅是学生，我自己更是感受到了大单元独特的、神奇的魅力。

2022 版新课标颁布后，放眼全国，大单元教学设计是目前的一个新风向。整个课标从目标、实施、内容、评价四方面体现的是课程的理念，是教学评一体化的设计，关注核心素养导向下的人的发展。以前，我的教学方式基本就是一篇一篇地教，把一个完整的知识分解成了若干个知识点，一边嚷着课时不够，一边埋怨下了这么大的力气学生的学习质量没有提高。而大单元教学加强了知识间的内在关联，促进了知识的结构化，形成一个完整的知识体系。正所谓，教出来的是知识，留下来的是素养。

在学习大单元教学的路上，我感觉再次回到大学时代，沉浸在学习的乐趣中。在休息之余我会阅读很多与大单元教学相关的书籍、公众号文章、论文等，如今，我也有了"一日不读书，尘生其中；两日不读书，言语乏味；三日不读书，面目可憎"的感受。

三、专家引领助成长

之前很多会议都会请张斌博士，我们有时也很纳闷：专家报告理论性太强，一点儿也不接地气儿，他说的东西使劲儿听也听不懂，为啥要请这样的专家呢？作为一线教师，我喜欢拿来就能用的东西，尤其是听优质课，总喜欢在听的时候找到一些亮点，第二天就能在课堂中用上。慢慢跟随张博士做大单元设计，我才发现大家请他的价值。在他那里没有绝对的对与错，他以研究者和学习者的态度为大家指导。最令人感动的是，每一次的教学设计，张博士都非常严谨认真地为我们做修改。以学情分析为例，张博士常说他的教学实践经验不如一线教师，不如我们懂学生，看到这条点评后，真是令一线教师汗颜。请大家看，这里点评道：是不是描写的事例很多，往往不典型？为什么强调"典型"？如果不典型，将会出现什么后果？怎样才能找到"典型"的事例？典型事例与具体事例有什么区别？这样的一连串问号，引发了我不断地思考，我开始反思，在文本对比中找答案，向有经验的老师请教。最后，刨根问底式的追问和不断的反思，让我终于明白典型事例是在写清楚具体事例的基础上，能够证明人物特点的事例。这样的分析为后面评价量规的精准设计提供了依据，避免了脚踩西瓜皮，滑到哪里算哪里的现象。研究就要有较真的态度，研究就要立足真问题，解决真问题。正是因为有张博士这样的专家引领，礼轩小学大单元设计之路才越走越宽，越走越快。

不负美好，踏歌而行。礼轩小学的老师们就是在分享中思考，在共研中碰撞，在专家点播引领中豁然开朗，在不断发现问题、解决问题的过程中逐渐成长。在大单元学习的道路上，我们经历过日暮途远、停滞不前，最终百折不挠、迎来柳暗花明。走到今天，每个人都在真实践、真成长、真收获。道阻且长，行则将至，行而不辍，未来可期。教研在继续，礼轩团队与大单元的故事未完待续，敬请期待……

第五章　礼轩小学语文学业质量标准校本化解析

一年级学业质量标准解析

一年级上学期

一、拼读能力及字母书写能力

（一）拼读能力

1.国家学业质量标准

学会汉语拼音。能读准声母、韵母、声调和整体认读音节。能准确地拼读音节。

——《义务教育语文课程标准》（2022 年版）学段目标

2.礼轩小学学业质量标准

①能读准声母、韵母和整体认读音节。

②能区分出声母、韵母、整体认读音节。

③能准确地拼读音节、读准声调。

（二）字母书写能力

1.国家学业质量标准

学会汉语拼音。能正确书写声母、韵母和音节。

——《义务教育语文课程标准》（2022 年版）学段目标

2.礼轩小学学业质量标准

正确：字母笔顺、占格正确。

规范：字母笔画规范，字体饱满、大小统一。

整洁：书写干净整洁，尽量减少涂改。

二、书写能力

1. 国家学业质量标准

掌握汉字的基本笔画和常用的偏旁部首，能按基本的笔顺规则用硬笔写字，注意间架结构，初步感受汉字的形体美。努力养成良好的写字习惯，写字姿势正确，书写规范、端正、整洁。

——《义务教育语文课程标准》（2022 年版）学段目标

2. 礼轩小学学业质量标准

①能掌握汉字的基本笔画，比如横、竖、撇、捺、点等。

②能按基本的笔顺规则写字，比如先横后竖、先撇后捺等。

③能注意间架结构，书写端正。

附：笔顺规则

1. 从上到下。如：二、三。

2. 从左到右。如：儿、林。

3. 先横后竖。如：十、禾。

4. 先撇后捺。如：人、八。

5. 先外后内。如：问、同。

6. 先中间后两边。如：小、水。

7. 先外后内再封口。如：四、回。

三、诵读能力

1. 国家学业质量标准

诵读儿歌、儿童诗和浅近的古诗，展开想象，获得初步的情感体验，感受语言的优美。

——《义务教育语文课程标准》（2022 年版）学段目标

诵读、记录课内外学到的成语、谚语、格言警句、儿歌、短小的古诗等，感受中华优秀传统文化，养成自主积累的习惯。

——《义务教育语文课程标准》（2022 年版）语言文字积累与梳理第一学段

诵读表现自然之美的短小诗文，感受大自然的美景与变化。

——《义务教育语文课程标准》（2022年版）文学阅读与创意表达
第一学段

愿意为他人朗读自己喜欢的语段；朗读时能使用普通话，注意发音；注意用语气、语调和节奏表现对文本的理解和感受；愿意和同学交流朗读体验，能简单评价他人的朗读。喜欢读古诗，能熟读成诵。

——《义务教育语文课程标准》（2022年版）学业质量描述第一学段

2. 礼轩小学学业质量标准

①正确诵读课内外学到的成语、谚语、格言警句、儿歌、短小的古诗等，并做到熟读成诵。

②诵读过程中注意语气、语调、节奏表现对古诗文的理解和感受，获得初步的情感体验，感受语言的优美。

③本学期能背诵课内古诗文8篇，课外古诗文5篇；记录课内外学到的成语、谚语、格言警句、儿歌、短小的古诗等，感受中华优秀传统文化，养成自主积累的习惯。

四、整本书阅读能力

1. 国家学业质量标准

尝试阅读整本书，用自己喜欢的方式向他人介绍读过的书。

——《义务教育语文课程标准》（2022年版）学段目标

2. 礼轩小学学业质量标准

①能在大人引导下阅读富有童趣的图画书、儿歌、童话等浅显的读物，亲子阅读为主，体会读书的快乐。

②能根据阅读单进行有目的的阅读，在阅读过程中根据提示，简单提取文本的显性信息，做到有效阅读。

③能用自己喜欢的方式向他人介绍读过的书，分享阅读的体会。

附：整本书阅读书目

《和大人一起读》《我爸爸》

五、写作能力

1. 国家学业质量标准

对写话有兴趣，留心周围事物，写出自己想说的话，写想象中的事物。在写话中乐于运用阅读和生活中学到的词语。

根据表达需要，学习使用逗号、句号、问号、感叹号。

——《义务教育语文课程标准》（2022年版）学段目标

2. 礼轩小学学业质量标准

兴趣：乐于观察，对说话有兴趣。

运用：能有顺序地观察图片，说一两句话；能按格式要求，写一句新年祝福语；能做到语句规范，能把话说完整、说通顺。

附：写话示例

第七单元写话

写话主题：

今天我们去郊游。

写话要求：

看到这幅图片，你能想到哪些词语呢？请你写出几个词语，再说一两句话。说一两句话的时候，可以不受所写词语的限制，只要是从图片中观察所得的内容都可以说，要把话说完整。

写话评价标准：

序号	评价内容	自评（ ）	互评（ ）
1	观察图片，能围绕图片的地点、人、事、物等信息写出三个词语。		
2	能够根据图画内容说一两句话，把话说通顺、完整。		
备注	根据评价内容，获得相应的星级评价，每项至少一颗星，最多3颗星。		

第八单元写话

写话主题：

新年的美好祝愿。

写话要求：

新年快到了，给家人或朋友写一句祝福的话吧！写的时候，先想想自己想要祝福的人是谁，再把想说的话写下来。注意参照图示上的贺卡书写格式，把祝福的人写在左上方，自己的名字和日期写在右下方。

写话评价标准：

序号	评价内容	自评（ ）	互评（ ）
1	能用汉字或拼音正确书写带有祝福语的句子。		
2	语句通顺、完整，有标点符号。		
3	内容格式标准、规范。		
备注	根据评价内容，获得相应的星级评价，每项至少一颗星，最多3颗星。		

一年级下学期

一、拼读能力及音序检索能力

（一）拼读能力

1.国家学业质量标准

认识大写字母，熟记《汉语拼音字母表》。

——《义务教育语文课程标准》（2022年版）学段目标

2.礼轩小学学业质量标准

①能认识大写字母，读准《汉语拼音字母表》。

②能区分《汉语拼音字母表》中的大、小写字母。

③能熟记《汉语拼音字母表》。

（二）音序检索能力

1.国家学业质量标准

能借助汉语拼音认读汉字，学会用音序检字法查字典。

——《义务教育语文课程标准》（2022年版）学段目标

2.礼轩小学学业质量标准

①能背熟汉语拼音字母表，熟练掌握音序。

②能知道要查的首个字母的音序，并能在"汉语拼音音节索引"里找到。

③能在大写字母下面找到对应的音节，找到页码。

二、书写能力

1. 国家学业质量标准

掌握汉字的基本笔画和常用的偏旁部首，能按基本的笔顺规则用硬笔写字，注意间架结构，初步感受汉字的形体美。努力养成良好的写字习惯，写字姿势正确，书写规范、端正、整洁。

——《义务教育语文课程标准》（2022年版）学段目标

2. 礼轩小学学业质量标准

①能掌握汉字常用的偏旁部首，比如两点水、提土旁、厂字头等。

②能按基本的笔顺规则写字，比如先外后内再封口、点在右上方后写点等。

③能注意间架结构，书写规范、整洁。

附:笔顺规则

1. 从上到下。如：二、三。

2. 从左到右。如：儿、林。

3. 先横后竖。如：十、禾。

4. 先撇后捺。如：人、八。

5. 先外后内。如：问、同。

6. 先中间后两边。如：小、水。

7. 先外后内再封口。如：回、国。

8. 点在正上方或左上方，先写点。如：主、门。

9. 点在右上方，后写点。如：书、我。

10. 左上包围和右上包围的字，先外后内。如：床、包。

11. 左下包围结构的字，先内后外。如：远、建

12. 左下右包围结构的字，先内后外。如：凶、画

13. 左上右包围结构的字，先外后内。如：同 用

三、诵读能力

1. 国家学业质量标准

诵读儿歌、儿童诗和浅近的古诗，展开想象，获得初步的情感体验，

感受语言的优美。

——《义务教育语文课程标准》（2022 年版）学段目标

诵读、记录课内外学到的成语、谚语、格言警句、儿歌、短小的古诗等，感受中华优秀传统文化，养成自主积累的习惯。

——《义务教育语文课程标准》（2022 年版）语言文字积累与梳理

第一学段

诵读表现自然之美的短小诗文，感受大自然的美景与变化。

——《义务教育语文课程标准》（2022 年版）文学阅读与创意表达

第一学段

愿意为他人朗读自己喜欢的语段；朗读时能使用普通话，注意发音；注意用语气、语调和节奏表现对文本的理解和感受；愿意和同学交流朗读体验，能简单评价他人的朗读。喜欢读古诗，能熟读成诵。

——《义务教育语文课程标准》（2022 年版）学业质量描述第一学段

2. 礼轩小学学业质量标准

①正确诵读课内外学到的成语、谚语、格言警句、儿歌、短小的古诗等，并做到熟读成诵。

②诵读过程中注意语气、语调、节奏表现对古诗文的理解和感受，获得初步的情感体验，感受语言的优美。

③能背诵课内古诗文 12 篇，课外古诗文 5 篇；记录课内外学到的成语、谚语、格言警句、儿歌、短小的古诗等，感受中华优秀传统文化，养成自主积累的习惯。

四、整本书阅读能力

1. 国家学业质量标准

尝试阅读整本书，用自己喜欢的方式向他人介绍读过的书。

喜欢阅读图画书、儿歌、童话、寓言等，在阅读过程中能根据提示提取文本的显性信息，通过关键词句说出事物的特点，作简单推测。

能借助关键词句复述自己读过的故事或其他内容，尝试对阅读内容提出问题。

——《义务教育语文课程标准》（2022 年版）学段目标

145

2. 礼轩小学学业质量标准

①能阅读富有童趣的图画书、儿歌、童话等浅显的读物，体会读书的快乐。

②能在阅读过程中根据提示，提取文本的显性信息，能根据信息做简单推断并联系生活实际帮助理解，联系上下文理解词语的意思，通过关键词句说出事物的特点。

③能用自己喜欢的方式向他人介绍读过的书，分享阅读的体会。

附：整本书阅读书目

《读读童谣和儿歌（一）》《读读童谣和儿歌（二）》

五、写作能力

1. 国家学业质量标准

对写话有兴趣，留心周围事物，写出自己想说的话，写想象中的事物。在写话中乐于运用阅读和生活中学到的词语。

根据表达需要，学习使用逗号、句号、问号、感叹号。

——《义务教育语文课程标准》（2022 年版）学段目标

2. 礼轩小学学业质量标准

兴趣：乐于观察，对写话有兴趣。

运用：通过观察图片或者展开想象，用几句连贯、通顺的话表达清楚，并能写下来；注意格式正确（前面空两格），并能正确使用逗号、句号；能把话写完整、通顺。

附：写话示例

第六单元写话

写话主题：

标点我会用，句子我来写。

写话要求：

读一读，通过朗读判断句子的语气，正确使用逗号、句号、问号和感叹号，并在此基础上正确抄写句子。

写话评价标准：

序号	评价内容	自评（　　）	互评（　　）
1	能正确、流利地朗读每组句子，读出不同的语气。		
2	能给句子加上正确标点，学会使用逗号、句号、问号、感叹号。		
3	学习抄写句子，做到格式正确，书写端正。		
备注	根据评价内容，获得相应的星级评价，每项至少1颗星，最多3颗星。		

第七单元写话

写话主题：

展开想象的翅膀。

写话要求：

从下面所给的词语中选择几个，展开想象说几句话。

花朵　　笑声　　阳光　　草地	
告诉　　歌唱　　跑步　　喜欢	

写话评价标准：

序号	评价内容	自评（　　）	互评（　　）
1	能自主选择词语，用普通话展开想象说几句话。		
2	语句通顺、表达清楚。		
3	有表达交流的自信心。		
备注	根据评价内容，获得相应的星级评价，每项至少一颗星，最多3颗星。		

第八单元写话

写话主题：

心情是什么颜色。

写话要求：

你有过下面这些心情吗？说一说，写一写。

高兴　　　　　生气　　　　　害怕　　　　　难过

写话评价标准：

序号	评价内容	自评（　）	互评（　）
1	能写出人物的心情。		
2	能正确使用逗号、句号等标点符号。		
3	句子通顺，开头空两格。		
备注	根据评价内容，获得相应的星级评价，每项至少一颗星，最多3颗星。		

二年级学业质量标准解析

二年级上学期

一、识字能力

1.国家学业质量标准

借助汉语拼音认读汉字，借助学过的偏旁部首推测字音字义，愿意向他人说出自己的猜想；遇到不认识的字，主动向他人请教。在学习与生活中，累计认识 1600 个左右常用汉字。

——《义务教育语文课程标准》（2022 年版）学业质量描述

2.礼轩小学学业质量标准

经过一学期的学习，礼轩学子在识字方面将做到如下程度：

①能借助形声字、象形字、会意字等方法认清字形。

②能借助汉语拼音或查字典等方法读准字音。

③能借助学过的偏旁部首推测字音字义，愿意向他人说出自己的猜想；能借助组词的方法表达字意。

④能熟练认读 450 个常用汉字。

附：部首查字法儿歌

部首查字法儿歌

确定部首数几画，部首目录里面查；

翻到检字表页码，再数剩下有几画；

检字表里找到字，看看正文几页码；

正文当中查到字，知音解义笑哈哈。

二、书写能力

1.国家学业质量标准

能正确书写800个左右常用汉字。掌握汉字的基本笔画和常用的偏旁部首，能按基本的笔顺规则用硬笔写字，注意间架结构，初步感受汉字的形体美。努力养成良好的写字习惯，写字姿势正确，书写规范、端正、整洁。

——《义务教育语文课程标准》（2022年版）学段目标

2.礼轩小学学业质量标准

经过一学期的学习，礼轩学子在书写方面将做到正确、端正、整洁，要求如下：

正确：能按正确的笔画书写，比如横折钩、竖弯钩等；能按正确笔顺规则书写，比如先横后竖、先撇后捺等。

端正：能注意间架结构，书写端正。

整洁：书写干净、整洁，减少涂抹。

数量：能正确、端正、整洁地书写250个字，230个词。

三、诵读能力

1.国家学业质量标准

朗读时能使用普通话，注意发音；注意用语气、语调和节奏表现对文本的理解和感受；喜欢读古诗，能熟读成诵。

——《义务教育语文课程标准》（2022年版）学业质量描述

2.礼轩小学学业质量标准

经过一学期的学习，礼轩学子在诵读方面将做到如下程度：

诵读：正确诵读课内外学到的成语、谚语、格言警句、儿歌、短小的古诗等，并做到熟读成诵；诵读过程中注意语气、语调、节奏表现对古诗文的理解和感受，获得初步的情感体验，感受语言的优美。

积累：本学期能积累课内古诗文13篇；课外古诗文6篇，养成自主积累的习惯。

四、整本书阅读能力

1. 国家学业质量标准

喜欢阅读图画书、儿歌、童话、寓言等，在阅读过程中能根据提示提取文本的显性信息，通过关键词句说出事物的特点，作简单推测；能借助关键词句复述自己读过的故事或其他内容，尝试对阅读内容提出问题，愿意向他人讲述读过的故事，乐于向他人展示自己的作品；喜欢积累优美的词句，并尝试在口头和书面表达中运用。

——《义务教育语文课程标准》（2022 年版）学业质量描述

2. 礼轩小学学业质量标准

经过一学期的学习，礼轩学子在诵读方面将做到如下程度：

阅读量：　阅读总量不少于 3 万字，共五本课本推荐书目，《小鲤鱼跳龙门》《"歪脑袋"木头桩》《孤独的小螃蟹》《小狗的小房子》《一只想飞的猫》。

阅读面：儿歌、喜欢的童话、富有童趣的图画书等浅显的读物。

阅读兴趣：喜欢阅读、体会阅读快乐、感受儿歌韵味。

阅读提升：掌握看图说文的方法、初步理解读物主要内容、说出所感所想、乐于与人分享讨论。

阅读方法：自主阅读（主）、师生共读、同伴共读、亲子共读。

阅读活动：讲故事、读书笔记交流、主题展示、辩论会、片段表演。

五、写话能力

1. 国家学业质量标准

看图说话，能描述一幅图画的主要内容，说出多幅图画之间的内容关联。留心观察周围事物，对写话有兴趣。

对写话有兴趣，留心周围事物，根据表达需要，学习使用逗号、句号、问号、感叹号。

——《义务教育语文课程标准》（2022 年版）学业质量描述

2. 礼轩小学学业质量标准

经过一学期的学习，礼轩学子在写话方面将做到如下程度：

语言：语句通顺，格式正确，能用完整的句子表达意思。在写话中乐于运用阅读和生活中学到的词语；根据表达需要，基本能正确使用逗号、句号、问号、感叹号，基本无错别字。

内容：能根据画面展开合理想象，内容具体，能紧紧围绕一个中心把意思表达清楚，具体。

书面：书面整洁，书写认真，字迹工整、美观。

附：写话示例

写话：我最喜爱的玩具

写话要求：

每个人都有自己最喜爱的玩具。你最喜爱的玩具是什么？它是什么样子的？它好玩在哪里？先和同学交流，再写下来。

注意：写在方格纸上；标点符号占一格。

写话标准：

序号	评价内容	自评	互评
1	能把玩具的形状、颜色、构造、特色等方面叙述清楚。		
2	能在玩法这部分按照一定的顺序进行介绍。		
3	能表达出自己的感受与心情。		
4	句子通顺、条理清晰、格式正确（每一个段落前空两格）、无错别字、书写认真等。		
修改建议			

学写留言条

写话要求：

留言条先写是留给谁的，再写有什么事，最后写自己的名字和时间。

从下面选择一种情况，写一张留言条：

①去办公室还书，老师不在。

②去小芳家里，通知她明天九点到学校参加书法小组的活动，但是她家里没有人。

写话标准：

序号	评价内容	自评	互评
1	能写清留言条的内容，注意简短明白、有礼貌和表达清楚。		
2	能把留言条的格式：称呼、正文、落款（署名和日期）写清楚。		
3	能正确运用礼貌用语。		
4	句子通顺、格式正确（每一个段落前空两格）、无错别字、书写认真等。		
修改建议			

看图写话

写话要求：

看看上面这幅图，小老鼠在干什么？电脑屏幕上突然出现了谁？接下来会怎样？快把你想到的写下来吧！

写话标准：

序号	评价内容	自评	互评
1	能细致观察图片，运用修辞手法描写人物的语言、动作、神态或心理活动。		
2	能按故事发展的顺序叙述。		
3	能凸显性格和情感。		
4	句子通顺、格式正确、无错别字、书写认真等。		
修改建议			

二年级下学期

一、识字能力

1. 国家学业质量标准

喜欢学习汉字，有主动识字的愿望。学习独立识字。能借助汉语拼音认读汉字，学会用部首查字法查字典。

——《义务教育语文课程标准》（2022年版）学段目标

2. 礼轩小学学业质量标准

经过一学期的学习，礼轩学子在识字方面将做到如下程度：

字音：能借助汉语拼音或查字典等方法读准字音。

字形：能借助象形字、会意字、形声字等方法认清字形；能借助学过的偏旁部首推测字音字义，愿意向他人说出自己的猜想；能熟练认读450个常用汉字。

字义：能借助组词的方法表达字意。

附：形近字顺口溜

例如：泡、炮、跑、抱、饱、胞、刨、苞、袍

有水冒气泡，有火放鞭炮；

有足才能跑，有衣穿长袍；

有食能吃饱，有月是同胞；

有手来拥抱，有刀来把木板刨；

草头在上是花苞。

二、书写能力

1.国家学业质量标准

掌握汉字地基本笔画和常用的偏旁部首，能按基本的笔顺规则用硬笔写字，注意间架结构，初步感受汉字的形体美。努力养成良好的写字习惯，写字姿势正确，书写规范、端正、整洁。

——《义务教育语文课程标准》（2022年版）学段目标

2.礼轩小学学业质量标准

经过一学期的学习，礼轩学子在书写方面将做到正确、端正、整洁，要求如下：

正确：能按正确的笔画书写，比如横折钩、竖弯钩等；能按正确笔顺规则书写，比如先横后竖、先撇后捺等。

端正：注意间架结构，书写端正。

整洁：书写干净、整洁，减少涂抹。

数量：能正确、端正、整洁地书写250个字，266个词。

三、诵读能力

1.国家学业质量标准

诵读儿歌、儿童诗和浅近的古诗，展开想象，获得初步的情感体验，感受语言的优美。

——《义务教育语文课程标准》（2022年版）学段目标

2.礼轩小学学业质量标准

经过一学期的学习，礼轩学子在诵读方面将做到如下程度：

诵读：正确诵读课内外学到的成语、谚语、格言警句、儿歌、短小的古诗等，并做到熟读成诵；诵读过程中注意语气、语调、节奏表现对古诗文的理解和感受，获得初步的情感体验，感受语言的优美。

积累：本学期能积累课内古诗文12篇；课外古诗文5篇，养成自主积累的习惯。

四、整本书阅读能力

1.国家学业质量标准

尝试阅读整本书，用自己喜欢的方式向他人介绍读过的书。养成爱护图书的习惯。

——《义务教育语文课程标准》（2022年版）学段目标

2.礼轩小学学业质量标准

经过一学期的学习，礼轩学子在诵读方面将做到如下程度：

阅读量：阅读总量不少于3万字，共四本课本推荐书目：《神笔马良》《七色花》《一起长大的玩具》《愿望的实现》。

阅读面：儿歌、喜欢的童话、富有童趣的图画书等浅显的读物。

阅读兴趣：喜欢阅读、体会阅读快乐、感受儿歌韵味。

阅读提升：掌握看图说文的方法、初步理解读物主要内容、说出所感所想、乐于与人分享讨论。

阅读方法：自主阅读（主）、师生共读、同伴共读、亲子共读。

阅读活动：讲故事、读书笔记交流、主题展示、辩论会、片段表演。

五、写话能力

1.国家学业质量标准

对写话有兴趣，留心周围事物，写出自己想说的话，写想象中的事物。在写话中乐于运用阅读和生活中学到的词语。

对写话有兴趣，留心周围事物，根据表达需要，学习使用逗号、句号、问号、感叹号。

——《义务教育语文课程标准》（2022年版）学段目标

2.礼轩小学学业质量标准

经过一学期的学习，礼轩学子在写话方面将做到如下程度：

语言：语句通顺，格式正确，能用完整的句子表达意思，在写话中乐于运用阅读和生活中学到的词语;根据表达需要,基本能正确使用逗号、句号、问号、感叹号，基本无错别字。

内容：能根据画面展开合理想象，内容具体，能紧紧围绕一个中心把意思表达清楚，具体。

书面：书面整洁，书写认真，字迹工整、美观。

附：写话示例

看图写话

写话要求：

照样子，写一写你的一个好朋友。向大家介绍一下：他是谁？长什么样子？你们经常一起做什么？

注意：写在方格纸上；标点符号占一格。

写话标准：

序号	评价内容	自评	互评
1	能介绍清楚自己的好朋友叫什么，长什么样子，经常一起做什么。		
2	能抓住好朋友最典型的特征来写，如外貌、爱好……		
3	能适当运用修辞等写作手法让描述更生动。		
4	句子通顺、格式正确、无错别字、书写认真等。		
修改建议			

语文园地四写话

写话主题：

小虫子、蚂蚁和蝴蝶的一天。

写话要求：

看图，想一想：小虫子、蚂蚁和蝴蝶用鸡蛋壳做了哪些事情？它们有什么有趣的经历？把它们这一天的经历写下来吧！写的时候，可以用上下面的词语：

早上　过了一会儿　到了下午　天黑了

写话标准：

序号	评价内容	自评	互评
1	能仔细观察并把每幅图的主要内容写出来。		
2	能用表示时间的词语把四幅图的内容连起来，有顺序地写出小虫子、蚂蚁和蝴蝶一天的经历。		
3	能写出自己的想法和感受。		
4	句子通顺、格式正确、无错别字、书写认真等。		
修改建议			

语文园地六写话

写话主题：

大自然真奇妙。

写话要求：

大自然真是奇妙啊！你的心中是不是也藏着很多"问号"？把它们写下来吧！写完后可以做成卡片，问问小伙伴知不知道答案。

写话标准：

序号	评价内容	自评	互评
1	能在观察大自然的基础上提出问题并记录。		
2	提出的问题合理、有讨论和研究的价值，在提问的基础上创新形式。		
3	正确运用疑问词和标点符号。		
4	句子通顺、格式正确、无错别字、书写认真等。		
修改建议			

语文园地七写话

写话主题：
我想养的小动物。
写话要求：
如果可以养小动物，你想养什么？写写你的理由。试着多写几条。
写话标准：

序号	评价内容	自评	互评
1	能介绍清楚自己想养什么动物，能从小动物的外形和生活习性等不同角度写。		
2	能写出两条以上自己想养小动物的理由。		
3	表达自己对小动物的喜爱之情。		
4	句子通顺、格式正确、无错别字、书写认真等。		
修改建议			

三年级学业质量标准解析
三年级上学期

一、诵读能力

1. 国家学业质量标准

诵读优秀诗文，注意在诵读过程中体验情感，展开想象，领悟诗文大意。

——《义务教育语文课程标准》（2022年版）学段目标

2. 礼轩小学学业质量标准

经过一学期的学习，礼轩学子在诵读方面将达成如下要求：

诵读：正确诵读课内外学到的成语典故、中华文化名言、短小的古诗词和新鲜词语、精彩句段等，并做到熟读成诵；诵读过程中尝试用不同的语气、语调、节奏表达对古诗文的理解和感受，初步认识中华优秀传统文化蕴含的思想。

积累：本学期能积累课内古诗文15篇，课外古诗文6篇，养成自主积累的习惯。

整理：诵读、积累成语典故、中华文化名言、短小的古诗词和新鲜词语、精彩句段等，丰富自己的语汇，分类整理、交流，初步认识中华优秀传统文化蕴含的思想。

二、整本书阅读能力

1. 国家学业质量标准

阅读整本书，初步理解主要内容，主动和同学分享自己的阅读感受。

——《义务教育语文课程标准》（2022年版）学段目标

2. 礼轩小学学业质量标准

经过一学期的学习，礼轩学子在整本书阅读方面将达成如下要求：

兴趣与方法：喜欢阅读童话，在阅读过程中能按照任务单提取主要信息、结合关键词句解释、预测作品中人物的行为；能够发挥想象，把自己想象成童话中的主人公，和故事中的人物悲欢与共，领悟童话的真正魅力。

积累与梳理：能发现作品中的优美词句、精彩句段并进行摘抄；能用自己喜欢的形式（如读书笔记、阅读记录卡等）记录阅读感受与生活体验。

交流与分享：能积极参与多样的语文实践活动（如师生共读、同伴共读，礼轩讲坛读书分享会等），建立读书共同体；能向他人讲述童话故事的主要内容，分享读书心得与阅读经验。

附：整本书阅读书目

《安徒生童话》《稻草人》《格林童话》

三、习作能力

1. 国家学业质量标准

观察周围世界，能不拘形式地写下自己的见闻、感受和想象，注意把自己觉得新奇有趣或者印象最深、最受感动的内容写清楚。尝试在习作中运用自己平时积累的语言材料，特别是有新鲜感的词句。

——《义务教育语文课程标准》（2022 年版）学段目标

2. 礼轩小学学业质量标准

经过一学期的学习，礼轩学子在习作方面将达成如下要求：

审题立意：能认真思考和推敲习作题目与材料，明确习作的具体要求，区分题目内容如：记人（记什么人）、叙事（叙什么事）、写景状物（写什么景状什么物），确立正确、健康、有积极意义的习作主题、习作范围和重点。

选材构思：能围绕习作主题选择积极向上，符合生活实际的作文材料；能按照一定顺序，在写作主题的引领下，把表现习作主题的有关材料进行安排，先写什么，后写什么，怎么展开与过渡，如何结尾等；能合理安排习作内容，做到详略得当，条理清晰；能理清文章结构，如：总分结构、并列结构等。

语言运用：用词准确，能使用平时积累的好词好句；语句通顺连贯，能恰当运用比喻、拟人、排比等修辞手法，使习作更加生动有趣。

修改誊正：能用修改符号修改习作中有明显错误的词句。根据表达的需要，正确使用冒号、引号等标点符号；誊抄时，书写规范、端正，不写错别字，字数不少于300字，卷面整洁、干净。

附：三年级上学期习作内容

<table>
<tr><td colspan="5" align="center">小学语文部编教材三上第一单元</td></tr>
<tr><td>习作
题目</td><td colspan="4">《猜猜他是谁》（写人类习作）</td></tr>
<tr><td>习作
要求</td><td colspan="4">　　三年的学习生活让我们认识了许多有趣的伙伴，幽默风趣，温柔可爱。请你选择一名同学，不能在文中出现他的名字，用几句话或一段话，把他让你印象深刻的地方选择一两点写一写。让我们一起猜猜看，他是谁？</td></tr>
<tr><td rowspan="6">习作
标准</td><td>序号</td><td align="center">评价内容</td><td>自评</td><td>互评</td></tr>
<tr><td>1</td><td>能选择合适的描写对象，符合生活实际选材。</td><td></td><td></td></tr>
<tr><td>2</td><td>能够抓住外貌、兴趣爱好或性格品质等结合事例描写，内容清晰，突出人物特点。</td><td></td><td></td></tr>
<tr><td>3</td><td>文章用词准确，语句通顺，能恰当使用标点符号。</td><td></td><td></td></tr>
<tr><td>4</td><td>字迹工整，语言通顺，字数不少于300字，错别字不能超过3个。</td><td></td><td></td></tr>
<tr><td colspan="4">修改建议（或最值得夸赞的地方）</td></tr>
<tr><td colspan="5" align="center">小学语文部编教材三上第二单元</td></tr>
<tr><td>习作
题目</td><td colspan="4">《写日记》（应用文类习作）</td></tr>
<tr><td>习作
要求</td><td colspan="4">　　每个同学都有自己的小秘密，我们可以把它写进日记里，变成时光珍贵的礼物。那么写日记有什么好处呢？可以写些什么？格式又是怎样的？让我们一起去看看吧！</td></tr>
</table>

	序号	评价内容	自评	互评
习作标准	1	能掌握日记格式，根据内容分段，写出自己的想法或感受。		
	2	能够记录生活中的观察与发现，选材积极向上。		
	3	书写认真，语句通顺，错别字不超过3个。		
	修改建议（或最值得夸赞的地方）			

小学语文部编教材三上第三单元				
习作题目	《我来编童话》（想象类习作）			
习作要求	童话世界多么神奇啊！在童话世界里，植物会跳舞，动物会唱歌，甚至泥土和石头都会吵架，真是有趣极了！请你发挥想象，编一则童话故事。 　　提示：事情发生在什么时间？在哪里发生的？故事里有哪些角色？他们在那里做什么？他们之间又发生了什么故事？			

	序号	评价内容	自评	互评
习作标准	1	能够结合给出的词语，任选一个或几个角色或加入新角色，发挥想象，编写故事。		
	2	能够抓住故事六要素（时间、地点、人物、起因、经过、结果）来写，结构完整。		
	3	能够带给读者知识道理或启示，故事吸引人。		
	4	字迹工整，语言通顺，字数不少于300字，错别字不能超过3个。		
	修改建议（或最值得夸赞的地方）			

小学语文部编教材三上第四单元				
习作题目	《续写故事》（策略类、想象习作——编故事）			
习作要求	下面的图画讲了什么事情？接下来可能会发生什么？请把故事写完。			
习作标准	序号	评价内容	自评	互评
	1	能够读懂图画中的文字提示，联系生活，猜想接下来发生的故事。		
	2	能够把自己的猜想按顺序写下来，将故事补充完整。		
	3	语句通顺连贯，用词准确，能正确使用标点符号。		
	4	字迹工整，语言通顺，字数不少于300字，错别字不能超过3个。		
	修改建议（或最值得夸赞的地方）			
小学语文部编教材三上第五单元				
习作题目	《我们眼中的缤纷世界》（状物类习作）			
习作要求	我们生活在一个五彩缤纷的世界，这里有涛涛的长江、奔涌的黄河；这里有伟岸的五岳，也有宛若仙境般的西双版纳；这里还有成长中的喜悦与苦恼……请你选择自己印象最深的一件事或一处场景写下来，与大家一起分享。 　　要求：写出事物的变化或场景的特点，语句通顺，题目自拟，不少于300字。			

	序号	评价内容	自评	互评
习作标准	1	能留心观察周围事物，把观察所得写下来。		
	2	能注意观察过程中的新发现，注意事物的变化，能按一定的顺序介绍事物。		
	3	能写出观察中的发现、感受或心得，表达自己对大自然的喜爱之情。		
	4	字迹工整，语言通顺，字数不少于300字，错别字不能超过3个。		

小学语文部编教材三上第六单元

习作题目	《这儿真美》（写景类习作）
习作要求	风景优美，物产丰富的西沙群岛；美丽又整洁的海滨小城；四季景色诱人的小兴安岭，都给我留下了非常深刻的印象。同学们，我们身边也有很多美丽的地方，你发现了吗？让我们把身边的美景介绍给别人吧！ 　　要求：题目自拟，运用从课文学到的方法，围绕一个意思，语句通顺，书写规范。

	序号	评价内容	自评	互评
习作标准	1	能留心观察一处景物，围绕一个中心意思，按一定顺序描写下来。		
	2	能具体介绍某样事物，围绕一个意思，抓住颜色、形状等特点来写。		
	3	能用上这学期新学的词语，使用恰当的修辞方法，如比喻、拟人、排比等修辞表达对美景的喜爱之情。		

修改建议（或最值得夸赞的地方）

小学语文部编教材三上第七单元

习作题目	《我有一个想法》（应用文类习作）
习作要求	生活中有很多需要改进的问题。如果我们积极表达自己的想法，提出改进建议和解决办法，就能使生活变得更加美好。哪些现象或问题引起了你的关注？你对这些现象有什么想法？从自己发现的现象中选择一个写一写，把现象和你的想法写清楚。300字左右。

	序号	评价内容	自评	互评
习作标准	1	能清楚地写下生活中某种现象及自己对此的想法。		
	2	能用具体事例说明现象且提出自己的建议或改进方案。		
	3	能注意习作格式，内容条理清晰，想象合理。		
	4	字迹工整，语言通顺，字数不少于300字，错别字不能超过3个。		

修改建议（或最值得夸赞的地方）

小学语文部编教材三上第八单元

习作题目	《那次玩得真高兴》（叙事类习作）
习作要求	你最喜欢玩什么？是和小伙伴们掰手腕、跳大绳，还是和家人去游乐园、动物园游玩？请选择印象最深的一次，以《那次玩得真高兴》为题目，把玩的过程写清楚，注意正确使用标点符号，书写规范。

	序号	评价内容	自评	互评
习作标准	1	能结合生活经历，选择一次让自己玩得特别开心、印象最深刻的事情或旅程写下来。		
	2	能抓住典型事例，按一定的顺序来写清楚玩的过程和当时高兴的心情。		
	3	习作结构完整，叙述清晰，能恰当运用多种描写方法，读起来吸引人。		
	4	字迹工整，语言通顺，字数不少于300字，错别字不能超过3个。		

修改建议（或最值得夸赞的地方）

三年级下学期

一、诵读能力

1. 国家学业质量标准

诵读优秀诗文，注意在诵读过程中体验情感，展开想象，领悟诗文大意。

——《义务教育语文课程标准》（2022 年版）学段目标

2. 礼轩小学学业质量标准

经过一学期的学习，礼轩学子在诵读方面将做到如下程度：

诵读：正确诵读课内外学到的成语典故、中华文化名言、短小的古诗词和新鲜词语、精彩句段等，并做到熟读成诵；诵读过程中尝试用不同的语气、语调、节奏表达对古诗文的理解和感受，初步认识中华优秀传统文化蕴含的思想。

积累：本学期能积累课内古诗文 15 篇，课外古诗文 6 篇，养成自主积累的习惯。

整理：诵读、积累成语典故、中华文化名言、短小的古诗词和新鲜词语、精彩句段等，丰富自己的语汇，分类整理、交流，初步认识中华优秀传统文化蕴含的思想。

二、整本书阅读能力

1. 国家学业质量标准

阅读整本书，初步理解主要内容，主动和同学分享自己的阅读感受。

——《义务教育语文课程标准》（2022 年版）学段目标

2. 礼轩小学学业质量标准

经过一学期的学习，礼轩学子在整本书阅读方面将在兴趣与方法、积累与梳理、交流与分享方面的发展，要求如下：

兴趣与方法：喜欢阅读寓言故事，在阅读过程能按照任务单提取主要信息、结合关键词句解释、预测作品中人物的行为；阅读中外古今寓言故事，学习其中蕴含的智慧，口头或书面分享自己获得的启示。能了解阅读的多种策略（预测），运用浏览、略读、精读等不同阅读方法，以学生自主阅读活动为主。

积累与梳理：能发现作品中的优美词句、精彩句段并进行摘抄；能用自己喜欢的形式（如读书笔记、阅读记录卡等）记录阅读感受与生活体验。

交流与分享：能积极参与多样的语文实践活动（如师生共读、同伴共读，礼轩讲坛读书分享会等），建立读书共同体，能用自己喜欢的形式记录阅读感受与生活体验，分享读书心得与阅读经验。

附：整本书阅读书目

《中国古代寓言故事》《克雷洛夫寓言》《伊索寓言》

三、习作能力

1. 国家学业质量标准

能记录活动过程，表达自己的感受；能按照童话、寓言的问题样式，运用联想、想象续讲或续写故事；能用日记等方式记录个人的见闻、感受和想法。

——《义务教育语文课程标准》（2022 年版）学业质量 第二学段

2. 礼轩小学学业质量标准

审题立意：能认真思考和推敲习作题目与材料，明确习作的具体要求，区分题目内容如：记人（记什么人）、叙事（叙什么事）、写景状物（写什么景状什么物），确立正确、健康、有积极意义的习作主题、习作范围和重点。

选材构思：能围绕习作主题选择积极向上，符合生活实际的作文材料。能按照一定的顺序，在写作主题的引领下，把表现习作主题的有关的材料进行安排，先写什么，后写什么，怎么展开与过渡，如何结尾等。能合理安排习作内容，做到详略得当，条理清晰；能理清文章结构，如：总分结构、并列结构等。

　　语言运用：用词准确，能使用平时积累的好词好句。语句通顺连贯，能恰当运用比喻、拟人、排比等修辞手法，使习作更加生动有趣；能大胆想象，使文章丰富。

　　修改誊正：能用修改符号修改习作中有明显错误的词句。根据表达的需要，正确使用冒号、引号等标点符号。誊抄时，书写规范、端正，不写错别字，字数不少于300字，卷面整洁、干净。

附：三年级下册习作主题

小学语文部编教材三下第一单元				
习作题目	《我的植物朋友》（状物类习作）			
习作要求	春天来了，公园里的小树、小花、小草都在悄悄发生着变化。请你观察公园里的一种植物，看一看，摸一摸，闻一闻，你发现它有什么特点？有哪些变化？你还可以跟它交个朋友。来，让我们按照一定顺序写一写吧！注意：语句通顺，不写错别字，题目自拟。			
习作标准	评价维度	评价内容	自评	互评
	审题立意	能根据习作要求,选择一种植物,确立符合习作的题目。		
	选材构思	①选择一种植物，通过看一看，摸一摸，闻一闻……把观察到的写清楚。②能从几个方面（样子、颜色、气味等）按照一定的顺序写出植物的特点和自己的感受。		
	语言运用	①用词准确，能使用平时积累的好词、佳句。②语句通顺连贯，能恰当运用比喻、拟人、排比等修辞手法，使习作更加生动有趣。③能通过想象与联想，写清楚观察时的感受。		
	修改誊正	①能用修改符号修改习作中有明显错误的词句，把写得不清楚的地方补充完整；能正确使用和书写标点符号。②能使用钢笔，书写规范、端正，不写错别字，字数不少于300字，卷面整洁。		
	修改建议（或最值得夸赞的地方）			

小学语文部编教材三下第二单元				
习作题目	《看图画，写一写》（叙事类习作——看图编故事）			
习作要求	仔细观察下面这幅图，图上有哪些人？他们在干什么？他们的动作是怎样的？可能说了哪些话？请你展开想象，写一篇作文。			
习作标准	评价维度	评价内容	自评	互评
	审题立意	能根据习作要求，按一定顺序观察图画，并联系生活经验发挥想象，把图画内容写清楚。确立习作题目。		
	选材构思	①观察为主，想象为辅，且以主要任务为观察重点，能兼顾周围人的表现和天空的风筝。②能把时间、地点、人物、事情等交代清楚，主体部分有序描写，突出重点；写出自己的感受体会。		
	语言运用	①用词准确，能使用平时积累的好词、佳句。语句通顺连贯，能恰当运用比喻、拟人、排比等修辞手法，使习作更加生动有趣。②能写出人物的动作、语言和空中风筝的颜色、样子等细节。		
	修改誊正	①能用修改符号修改习作中有明显错误的词句；把图画中没有写清楚的内容写清楚。②能正确使用和书写标点符号，书写规范、端正，不写错别字，字数不少于300字，卷面整洁。		
	修改建议（或最值得夸赞的地方）			

小学语文部编教材三下第三单元				
习作题目	《中华传统节日》（写事类习作）			
习作要求	读了冰心奶奶的《童年的春节》，我知道了烟台的春节有穿新衣、吃槽肉和年糕、放烟花、耍花会等习俗。在中国的传统节日里，还有许多不一样的习俗，都会带给我们许多快乐。请选择元宵、清明、端午、中秋等节日中的某一习俗或者印象深刻的事情，具体介绍一下。			
习作标准	评价维度	评价内容	自评	互评
	审题立意	能根据习作要求选取一个传统节日，确立习作主题能围绕该节日的习俗展开一件事的叙述。		
	选材构思	①习作材料符合节日实际，选取难忘经历，抓住难忘经历，把事情写完整。②了解节日习俗，感受节日气氛，写出节日特点。习作内容详略得当。③能按一定的时间顺序将事件排列好且把活动过程写清楚。		
	语言运用	①用词准确，能使用平时积累的好词、佳句。②至少有一段话围绕一个意思写清楚；能运用比喻、拟人、想象等修辞手法，表现生活气息和自己的真情实感。		
	修改誊正	①能用修改符号修改习作中有明显错误的词句。根据表达的需要，正确使用冒号、引号等标点符号。②能使用钢笔，书写规范、端正，不写错别字，字数不少于300字，卷面整洁。		
	修改建议（或最值得夸赞的地方）			

小学语文部编教材三下第四单元				
习作题目	《我做了一项小实验》（叙事类习作）			
习作要求	同学们，疫情居家学习期间，你一定做过很多小实验，把你做过的最感兴趣的一项小实验介绍给大家吧！写的时候，可以用上"先……接着……然后……最后……"把做小实验的经过写清楚，还可以写一写自己做实验的心情，实验中有趣的发现等。字数不少于300，语句通顺，内容具体，题目自拟。			
	评价维度	评价内容	自评	互评
习作标准	审题立意	能根据习作要求，选择一个小实验，确立习作题目。		
	选材构思	①能根据小实验写出自己的疑问、想法、心情等。 ②能按照一定的顺序，把实验名称、实验准备、实验过程、实验结果分几个自然段写清楚，注意详略得当。		
	语言运用	①用词准确，能使用平时积累的好词、佳句。 ②能用上表示先后顺序的词语把实验过程写清楚，词语运用准确，用疑问、感叹句等把自己的思考写清楚。 ③语句通顺，能使用恰当比喻、拟人等修辞手法，让句子更加生动形象。		
	修改誊正	①能用修改符号修改习作中有明显错误的词句。根据表达的需要，正确使用冒号、引号等标点符号。 ②能使用钢笔，书写规范、端正，不写错别字，字数不少于300字，卷面整洁。		
	修改建议（或最值得夸赞的地方）			

小学语文部编教材三下第五单元				
习作 题目	《奇妙的想象》（叙事类习作）			
习作 要求	你的想象世界一定很奇妙，这个世界中一定有很多故事，比如：最好玩的国王、一本有魔法的书、滚来滚去的小土豆等，在给出的题目中选择一个，大胆想象，将你想象世界中的故事介绍给大家吧。			
习作 标准	**评价维度**	**评价内容**	**自评**	**互评**
	审题立意	能根据习作要求，选择一个题目写一个想象故事，也可以写其他想象故事。		
	选材构思	①选材积极向上，发挥大胆想象，创造出自己的想象世界。 ②正文内容围绕题目意思来写。		
	语言运用	①用词准确，能恰当运用修辞手法。 ②语句通顺连贯，故事结构完整。 ③情节有趣，想象奇妙。		
	修改誊正	①能正确运用修改符号修改习作中有明显错误的词句，补充故事内容。 ②交换习作，听听同学的意见，进行适当修改。 ③誊写时，书写规范、端正、整洁，不写错别字，字数不少于300字。		
	修改建议（或最值得夸赞的地方）			
小学语文部编教材三下第六单元				
习作 题目	《身边那些有特点的人》（写人类习作）			
习作 要求	看见"热心肠"，你会想起谁？看见"小书虫"，你又会想起谁？你为什么会想到他？你身边还有哪些有特点的人？选一个人写一写，还要用能表现人物特点的词语取一个标题，如"我们班的小书虫"。			

173

	评价维度	评价内容	自评	互评
习作标准	审题立意	能根据习作要求，留心观察身边的人，明确习作的具体要求：写一个人，能够写出他突出的特点。		
	选材构思	①能给习作取一个表现人物特点的题目。②正文围绕题目意思选材，尝试写出人物特点。③能通过典型事例或者人物的一系列行为来突出表现人物特点。		
	语言运用	①用词准确，能使用平时积累的好词、佳句。②语句通顺连贯，文章结构完整。③能围绕人物特点进行生动描写，恰当运用修辞手法。		
	修改誊正	①能正确运用修改符号修改习作中有明显错误的词句。②给你写的那个人看看，听听他的评价，进行适当修改。③誊写时，书写规范、端正、整洁，不写错别字，字数不少于300字。		
	修改建议（或最值得夸赞的地方）			

小学语文部编教材三下第七单元

习作题目	《国宝大熊猫》（写物类说明习作）
习作要求	国宝大熊猫人见人爱，你看到大熊猫的时候有没有这样的疑问：大熊猫是猫吗？大熊猫生活在什么地方……围绕这些问题，去查找资料，整合你找到的答案，写一篇习作，向大家介绍一下大熊猫吧！

	评价维度	评价内容	自评	互评
习作标准	审题立意	①能查找资料，整合信息，详略得当地写一写大熊猫。②提出关于大熊猫的问题，根据问题查找材料。③填写大熊猫信息记录单。		

			自评	互评
习作标准	选材构思	①通过大熊猫信息记录单，整合需要的信息。②能从样子、生活习性、地位等方面写出大熊猫的特点，突出特点，有序描写。		
	语言运用	①用词准确，能使用平时积累的好词、佳句。②语句通顺连贯，结构完整，写好开头和结尾。③恰当运用比喻、拟人、对比等修辞手法。		
	修改誊正	①如果有不准确的内容，试着用修改符号改一改。②交换习作，互相检查对大熊猫的介绍是否准确。③誊写时，书写规范、端正、整洁，不写错别字，字数不少于300字。		
修改建议（或最值得夸赞的地方）				

小学语文部编教材三下第八单元

习作题目	《这样想象真有趣》（叙事类习作）
习作要求	如果一种动物失去了原来的主要特征，或是变得与原来相反，会发生哪些奇异的事情呢？选择一种动物作为主角，大胆展开想象，想象动物特征变化后的奇特经历，创编一个童话故事吧！

	评价维度	评价内容	自评	互评
习作标准	审题立意	能根据习作要求，选择一种动物作为主角，大胆想象它的特征变化带来的生活变化，写一个童话故事。		
	选材构思	①选择一种动物作为主角，大胆想象，编写一个童话故事。②围绕题目意思写，选择该动物拥有新特征后生活的变化及发生的新奇事情来写。③将动物变化后的经历写清楚。		

175

习作标准	语言运用	①用词准确，能恰当运用修辞手法。 ②语句通顺连贯，故事内容完整。 ③情节有趣，想象大胆奇妙。		
	修改誊正	①能用学过的修改符号修改自己的习作。 ②誊写时，书写规范、端正、整洁，不写错别字，字数不少于300字。		
	修改建议（或最值得夸赞的地方）			

四年级学业质量标准解析

四年级上学期

一、诵读能力

1. 国家学业质量标准

诵读优秀诗文，注意在诵读过程中体验情感，展开想象，领悟诗文大意。

——《义务教育语文课程标准》（2022 年版）学段目标

2. 礼轩小学学业质量标准

经过一学期的学习，礼轩学子在诵读方面将做到如下程度：

诵读：正确诵读课内外学到的成语典故、中华文化名言、谚语、格言警句、古诗等，并做到熟读成诵；诵读过程中注意语气、语调、节奏，表现对古诗文的理解和感受，获得初步的情感体验，感受语言的优美。

积累：本学期能积累课内古诗文 12 篇，课外古诗文 5 篇，养成自主积累的习惯。

交流：学会分类整理、交流诵读篇目。

二、整本书阅读能力

1. 国家学业质量标准

阅读整本书，初步理解主要内容，主动和同学分享自己的阅读感受。

——《义务教育语文课程标准》（2022 年版）学段目标

2.礼轩小学学业质量标准

经过一学期的学习，礼轩学子在整本书阅读方面将在方法、内容、分享方面，要求如下：

方法：能运用浏览、略读、精读等不同阅读方法。

内容：通读整本书，了解主要内容；明白序言、目录等在整本书阅读中的作用；学习其中蕴含的中华智慧。

分享：口头或书面分享自己获得的启示；交流读书心得，分享阅读经验。

三、习作能力

1.国家学业质量标准

观察周围世界，能不拘形式地写下自己的见闻、感受和想象，注意把自己觉得新奇有趣或印象最深、最受感动的内容写清楚。学习修改习作中有明显错误的词句。根据表达的需要，正确使用冒号、引号等标点符号。

——《义务教育语文课程标准》（2022年版）学段目标

2.礼轩小学学业质量标准

经过一学期的学习，礼轩学子在习作能力方面将做到分析题目、理解题意，立意选材、确定中心，理清结构、合理布局，联系生活、真情实感，自主检查、修改誊正，要求如下：

分析题目、理解题意：分析题目所属的文体类型，审清题目是记叙文还是说明文。认真阅读习作要求，弄清题目意思，区分题目内容。如：记人（记什么人）、叙事（叙什么事）、写景状物（写什么景状什么物），抓住题目重点，找出题目关键词，确立正确、健康、有积极意义的习作主题、写作范围和重点。

立意选材、确定中心：确定文章的主题，明确文章的中心思想，选材要实，习作主题要有特色，围绕中心思想选择生活中的真实素材。中心思想要正确、健康、鲜明，有积极意义。

理清结构、合理布局：明确文章部分与部分、部分与整体的内在联系和统一的关系，理清文章的结构。如：总分结构、并列结构。

联系生活、真情实感：联系生活中看到的、听到的、经历过的真实事件，筛选符合题意的、突出的、有说服力的事例，加以具体、细致的描写，通过事件或人物语言、动作，用生活化的言语，表达真实、真切的情感。养成留心观察周围事物的习惯，有意识地丰富自己的见闻，珍视个人的独特感受，积累习作素材。

自主检查、修改誊正：能根据题目要求，自主检查习作。能用修改符号修改习作中有明显错误的词句。根据表达的需要，正确使用冒号、引号等标点符号。誊抄时，书写规范、端正，不写错别字，页面干净、整洁。

附：四年级上学期习作内容

<table>
<tr><td colspan="5">小学语文部编教材四上第一单元</td></tr>
<tr><td>习作题目</td><td colspan="4">《推荐一个好地方》</td></tr>
<tr><td>习作要求</td><td colspan="4">“大家请向前看，前方伫立在翠绿的稻田之间的一面牌坊式大门就是云舍土家山寨的寨门：寨门中央上书‘中国土家第一村’七个镏金大字，两边的立柱上镌刻有一副对联，上联为‘太平河龙潭河源流长短吟唱民族文化越千年’，下联为：‘水银坡狮子坡云釉高低见证杨氏宗传五百载’。这副对联生动地体现了云舍的风情地貌：云舍村坐落在‘黔山第一’的梵净山太平河畔，山寨依山傍水、寨前有良田千顷，土地肥沃、山美水美……”
这是全国导游大赛中一段优秀的导游词。导游们通过他们的锦言妙语让更多人领略了祖国的大好河山。每个人都有自己喜欢的地方，你愿意用文字把他分享给更多人吗？水乡小镇让我们赏心悦目，游乐场让我们兴奋不已，书店让我们流连忘返，村头的小树林是我们的乐园……你打算推荐什么地方？这个地方在哪里？它有什么特别之处？写出推荐的理由，吸引大家去看看。如，推荐一个古镇：◇ 这个古镇很美…… ◇ 在那里可以了解以前人们的生活…… ◇ 这个古镇有很多好吃的……</td></tr>
<tr><td rowspan="6">习作标准</td><td>序号</td><td>评价内容</td><td>自评</td><td>互评</td></tr>
<tr><td>1</td><td>能写清楚推荐理由，至少两条。文章结构完整，能使用总分总的结构。</td><td></td><td></td></tr>
<tr><td>2</td><td>描写环境时能按照一定的顺序描写。</td><td></td><td></td></tr>
<tr><td>3</td><td>能正确使用和书写标点符号，语句通顺，恰当运用修辞方法。能表达真情实感。</td><td></td><td></td></tr>
<tr><td>4</td><td>书写工整，字数不少于400字，错别字不超过3个。</td><td></td><td></td></tr>
<tr><td colspan="4">修改建议（或值得赞赏的地方）</td></tr>
</table>

小学语文部编教材四上第二单元				
习作题目	《小小"动物园"》			
习作要求	班里举行了一场"小小动物园"化装舞会，邀请同学们和家庭成员一起参加，要求大家要穿上小动物的服装。小明说："我的爸爸胖胖的，憨憨的，可以打扮成一只熊。"小红说："我的姐姐游泳特别好，像一条自由自在的鱼。"小兰说："我的爷爷很威严，就像一只大老虎。" 你会把你的家人们打扮成什么样的小动物呢？你的家人和哪些动物比较像？什么地方像？每天生活在这个"动物园"里，你感觉怎么样？把你的家人写一写吧，注意运用具体事例让你的文章更生动哦！			
习作标准	序号	评价内容	自评	互评
	1	能根据家人的特点把家人比喻成恰当的动物。能从外貌、性格、爱好等方面写清楚家人和动物的相似特点。能运用具体事例，文章生动形象。		
	2	能写出对家人的真情实感。		
	3	能正确使用和书写标点符号，语句通顺，恰当运用修辞方法。文章结构完整。		
	4	书写工整，字数不少于400字，错别字不超过3个。		
	修改建议（或值得赞赏的地方）			
小学语文部编教材四上第三单元				
习作题目	《观察日记》			
习作要求	叶圣陶爷爷经过一段时间的观察，了解了爬山虎向上爬的秘密；法布尔观察了很久，终于看到了蟋蟀筑巢的全过程；比安基用日记的形式，记下了燕子筑巢及孵蛋的情况。正是细致的观察和长期的坚持让他们写出了如此引人入胜的记录动植物的文章。你是否也对身边的动物、植物的生长变化感兴趣呢？你仔细观察过它们吗？ 现在班级内要举行一个"我的微观世界"活动，请你确定一个观察对象，可以是种子、动物、月亮、树叶等。试着连续观察，用观察日记记录观察对象的变化，注意观察细致、用词准确、描写生动，还可以写观察的过程，观察者当时的想法和心情，如果能附上图画就更好了。			

	序号	评价内容	自评	互评
习作标准	1	观察细致，能写清楚观察对象的变化过程。能抓住一两个主要特征的变化从不同角度、不同感官描写细致。		
	2	用词准确。能运用比喻、拟人等手法让文章更生动。能写出每阶段自己的感受。		
	3	能正确使用和书写标点符号，语句通顺。日记格式正确。		
	4	书写工整，字数不少于400字，错别字不超过3个。		
修改建议（或值得赞赏的地方）				

小学语文部编教材四上第四单元

习作题目	《我和XX过一天》
习作要求	我们看过很多神话和童话，里面的人物有的本领高强、爱憎分明，如哪吒、葫芦娃；有的机智聪明、惩恶扬善，如神笔马良；有的美丽纯洁、温柔善良，如白雪公主。你了解他们吗？喜欢他们吗？你还喜欢哪些人物呢？ 　　假设你现在拥有了超能力，可以选择和他们中的某一位过上一天，你会选择谁？你们会一起去哪里？会做些什么？会发生什么故事呢？把题目补充完整，展开想象把你们的故事写下来吧！

	序号	评价内容	自评	互评
习作标准	1	展开想象，想象力丰富。能写清楚起因、经过、结果。结构完整。		
	2	描写主要人物时能从外貌、服饰等方面将主要人物描写得具体生动。在描写经过时能详略得当，挑选典型事例，符合人物特点。通过动作、语言、心理等描写把经过写具体。		
	3	能正确使用和书写标点符号，语句通顺，恰当运用修辞方法。		
	4	书写工整，字数不少于400字，错别字不超过3个。		
修改建议（或值得赞赏的地方）				

小学语文部编教材四上第五单元				
习作题目	《生活万花筒》			
习作要求	时光易逝，如白驹过隙。转眼时间来到二十年之后，已经长大成人的你在某一天和老同学一起翻看旧物，记忆的大门被打开，小时候经历过的微小的事情一件件都变得如此清晰，如此珍贵。让你印象最深的事是什么呢？和老同学分享一下吧！可以参考下面的题目，也可以另选要写的内容。 　　《捉蚊趣事》《一件烦心事》《爷爷戒烟了》《教室里的掌声》《她收到了礼物》《家庭风波》《信不信由你》《照片里的温暖》。			

习作标准	序号	评价内容	自评	互评
	1	按一定顺序，写清楚事情的起因、经过、结果。		
	2	描写经过时，能通过动作、语言等描写把自己听到的、看到的、想到的写清楚。		
	3	能正确使用和书写标点符号，语句通顺，恰当运用修辞方法。能表达真情实感。		
	4	书写工整，字数不少于400字，错别字不超过3个。		

修改建议（或值得赞赏的地方）

小学语文部编教材四上第六单元	
习作题目	《记一次游戏》
习作要求	丢沙包，抢椅子，跳长绳，两人三足跑，一二三木头人……游戏是童年快乐的源泉，可以锻炼我们各方面的能力，可以让我们进入自由自在的快乐天地。班级里举行了一个"我来教你做游戏"活动，把你做过的有趣的游戏写出来教给同学们吧。 　　写之前可以想一想：游戏前，你做过哪些准备？在游戏中，你做了些什么？印象比较深的是什么？如果能加上游戏结束后你的想法和感受就更吸引小伙伴了，如，应遵守规则，伙伴间要团结协作，遇事要勇敢果断，坚持到底……根据这些问题，把游戏写清楚，还可以写写自己当时的心情。写好后，给习作拟一个题目，最好能反映自己的感受。

	序号	评价内容	自评	互评
习作标准	1	能交代清楚时间、地点、人物。按照游戏前、游戏中、游戏后的顺序把游戏写清楚。结构完整。		
	2	能通过动作、语言、神态、心理等描写表达出自己游戏过程中的心情变化。		
	3	能选择游戏中印象深刻的事例着重描写，能写出游戏后自己的想法和感受。印象深刻事例的选材能做到围绕游戏后的感受描写。		
	4	能正确使用和书写标点符号，语句通顺，恰当运用修辞方法。		
	5	书写工整，字数不少于400字，错别字不超过3个。		
修改建议（或值得赞赏的地方）				

小学语文部编教材四上第七单元

习作题目	《写信》
习作要求	书信曾经是人们和远方的亲人朋友互通消息、交流感情的主要方式，在古代还有"尺素""鸿雁"等这样美好的名字。现在仍是重要的联络手段。 有的人为我们提供过帮助，给过我们温暖，我们却一直没有机会说一声"谢谢"；我们可能做过伤害别人的事情，却迟迟没有勇气说一声"对不起"；我们可能对远方的亲人无比思念却说不出一声"我想你"；我们感激父母和老师对我们的付出却羞于说出那声"我爱你"。借助此次"我要大声对你说"书信活动，给你的亲友或者其他人写一封信，说出你想说的话，表达出你的真情实感吧！

	序号	评价内容	自评	互评
习作标准	1	书信格式正确。		
	2	按照一定的顺序把自己想说的话说清楚。能表达出真情实感。		
	3	能正确使用和书写标点符号，语句通顺，恰当运用修辞方法。		
	4	书写工整，字数不少于400字，错别字不超过3个。		
修改建议（或值得赞赏的地方）				

小学语文部编教材四上第八单元				
习作题目	《我的心儿怦怦跳》			
习作要求	2022年2月冬季奥运会在我国北京举办，这让北京成为世界上第一个既举行过夏季奥运会又举行过冬季奥运会的城市，成为全球首个"双奥之城"。你和家人一起看比赛时看到我国奥运健儿或腾空凌越、或弯道冲刺时，看到他们站上领奖台奏起国歌时，是否和他们一样激动颤抖？是否会想起你的生活中让你心儿怦怦跳的时刻？ 　百米比赛、登上领奖台、参加班干部竞选、第一次当众讲故事、在出站口等一个人、走夜路、待久别的爸爸归来，你有过上面的经历吗？你当时的心情是怎样的呢？选一件令你心儿怦怦跳的事情写下来，写清楚事情的经过和当时的感受。			
习作标准	序号	评价内容	自评	互评
	1	能交代清楚时间、地点、人物。按照一定顺序把经过写清楚。结构完整。		
	2	能通过动作、语言、神态、心理、环境等描写表达出自己的心情。		
	3	能正确使用和书写标点符号，语句通顺，恰当运用修辞方法。		
	4	书写工整，字数不少于400字，错别字不超过3个。		
	修改建议（或值得赞赏的地方）			

四年级下学期

一、诵读能力

1. 国家学业质量标准

诵读优秀诗文，注意在诵读过程中体验情感，展开想象，领悟诗文大意。

——《义务教育语文课程标准》（2022 年版）学段目标

2. 礼轩小学学业质量标准

经过一学期的学习，礼轩学子在诵读方面将做到如下程度：

诵读：正确诵读课内外学到的成语典故、中华文化名言、古诗等，并做到熟读成诵；诵读过程中注意语气、语调、节奏，表现对古诗文的理解和感受，获得初步的情感体验，感受语言的优美。

积累：本学期能积累课内古诗文 12 篇，课外古诗文 3 篇，养成自主积累的习惯。

分享：学会分类整理主题、交流诵读篇目与诗文大意，学以致用古今异义的字词。

二、整本书阅读能力

1. 国家学业质量标准

阅读整本书，初步理解主要内容，主动和同学分享自己的阅读感受。

——《义务教育语文课程标准》（2022 年版）学段目标

2.礼轩小学学业质量标准

经过一学期的学习，礼轩学子在诵读方面将做到如下程度：

感知：鉴赏、感知整本书的人物形象、故事情节、语言风格。

方法：绘制情节图、梳理文章主旨等。

分享：分享阅读心得、交流研讨阅读中的问题，积累整本书阅读的经验。

三、习作能力

1.国家学业质量标准

观察周围世界，能不拘形式地写下自己的见闻、感受和想象，注意把自己觉得新奇有趣或印象最深、最受感动的内容写清楚。学习修改习作中有明显错误的词句。根据表达的需要，正确使用冒号、引号等标点符号。

——《义务教育语文课程标准》（2022年版）学段目标

2.礼轩小学学业质量标准（详见每个单元）

附：四年级下学期习作内容

<table>
<tr><td colspan="5" align="center">小学语文部编教材四下第一单元</td></tr>
<tr><td>习作
题目</td><td colspan="4">《我的乐园》</td></tr>
<tr><td>习作
要求</td><td colspan="4">　　湖畔、林间、广场、校园……处处留下了我们欢快的笑声，这些地方都是我们的乐园。图书角、小菜园、篮球场、村头草地、装满玩具的房间……你的乐园是哪里？我们班里转来了一位新同学，为了帮助他更好地适应新环境，体会到来自新朋友的温暖，你愿意把你的乐园分享给他吗？它是什么样子的？你最喜欢在那儿干什么？这个乐园给你带来了怎样的快乐？把你的乐园介绍给他吧。</td></tr>
<tr><td rowspan="5">习作
标准</td><td>序号</td><td align="center">评价内容</td><td>自评</td><td>互评</td></tr>
<tr><td>1</td><td>能按照一定的顺序写清楚乐园的样子。</td><td></td><td></td></tr>
<tr><td>2</td><td>能表达真情实感，表达出对乐园带给自己的乐趣所在和自己对乐园的喜爱之情。</td><td></td><td></td></tr>
<tr><td>3</td><td>能正确使用和书写标点符号，语句通顺，恰当运用修辞方法。结构完整。</td><td></td><td></td></tr>
<tr><td>4</td><td>书写工整，字数不少于400字，错别字不超过3个。</td><td></td><td></td></tr>
<tr><td></td><td colspan="4">修改建议（或值得赞赏的地方）</td></tr>
</table>

小学语文部编教材四下第二单元				
习作题目	《我的奇思妙想》			
习作要求	青少年是祖国的未来，科学的希望！我国每年都会举办"全国青少年科技创新大赛"，华中科技大学附属小学一对三年级、五年级小学生研发的项目"茶多酚的抗肿瘤实验研究"在第33届大赛中荣获小学组三等奖。 　　年龄虽小，不能阻断我们善于发现、善于思考、勇于创造的脚步。生活中，我们常常会有一些奇思妙想，想发明一些神奇的东西。学校要举行一届"小小发明家"比赛，你想发明什么？它是什么样子的，有哪些功能？把它写出来介绍给大家吧！			

	序号	评价内容	自评	互评
习作标准	1	能按照一定的顺序、多个角度写清楚新发明的样子。能写清楚新发明的功能，功能和外观对应。		
	2	能把使用方法和带来的便利写清楚。		
	3	能正确使用和书写标点符号，语句通顺，恰当运用修辞方法。结构完整。		
	4	书写工整，字数不少于400字，错别字不超过3个。		
	修改建议（或值得赞赏的地方）			

小学语文部编教材四下第四单元	
习作题目	《我的动物朋友》
习作要求	有时候，我们需要向别人介绍自己的动物朋友。从下面的情境中选择一个或者自己创设一个，向别人介绍你的动物朋友。如果你没有养过这种动物，也可以写你熟悉的其他动物。 　　星期天放羊回来，发现我最喜爱的一只小羊不见了，我想请小伙伴帮忙找一找。 　　我们全家要外出旅行一段时间，只好请邻居帮忙喂养我的小狗。 　　我们家就要搬到外地去了，我想请一位同学收养我的小猫。 　　写之前想一想，你打算从哪些方面介绍它，它在这些方面有怎样的特点？

	序号	评价内容	自评	互评
习作标准	1	能按照一定的顺序写清楚动物的样子，特点突出。能细致描写动物生活习性的不同方面，用上具体事例，体现出动物的特点。		
	2	能表达真情实感，表达出对动物的喜爱之情。		
	3	能正确使用和书写标点符号，语句通顺，恰当运用修辞方法。结构完整。		
	4	书写工整，字数不少于400字，错别字不超过3个。		
修改建议（或值得赞赏的地方）				

小学语文部编教材四下第五单元

习作题目	《游……》
习作要求	你的好朋友假期想去旅行，来信咨询你去过的地方，想听听你的旅行经历来决定他的目的地，你游览过哪些地方？哪个地方给你留下的印象最深？把题目补充完整，按照游览的顺序写写这个地方，把游览的过程写清楚，来给你的朋友做参考吧！

	序号	评价内容	自评	互评
习作标准	1	能按照游览的顺序描写。能使用过渡句，景物转换自然。		
	2	能按照一定的顺序把景物描写清楚。能写清楚印象深刻的地方，抓住重点景物，体现特点。		
	3	能正确使用和书写标点符号，语句通顺，恰当运用修辞方法。结构完整。能表达真情实感。		
	4	书写工整，字数不少于400字，错别字不超过3个。		
修改建议（或值得赞赏的地方）				

小学语文部编教材四下第六单元				
习作题目	《我学会了XX》			
习作要求	我们正慢慢长大，学会了做很多事情。班级举办了一项"小小少年大本领"的活动，假如你赢得了此次比赛，同学们希望你把掌握这门本领的过程与体会和大家分享，你会怎么说？让我们写一份发言稿吧！ 　　把题目补充完整，如果能写清楚你是怎样一步步学会做这件事的，学习过程中遇到了哪些困难，是怎么克服的，有哪些有趣的经历，心情有哪些变化，相信你的发言会和你的本领一样让人叹服！			
习作标准	序号	评价内容	自评	互评
	1	能按照一定的顺序写清楚学习的过程，运用关联词使过程衔接流畅。能写清楚学习过程中遇到的困难和克服困难的过程。		
	2	能细致描写学习过程中的动作、语言、神态、心理，使过程更清楚、更生动。能写清楚自己的心情变化。表达真情实感。		
	3	能正确使用和书写标点符号，语句通顺，恰当运用修辞方法。结构完整。		
	4	书写工整，字数不少于400字，错别字不超过3个。		
	修改建议（或值得赞赏的地方）			

小学语文部编教材四下第七单元				
习作题目	《我的"自画像"》			
习作要求	假如你们班来了一位新班主任，他想尽快熟悉班里的同学。请以"我的'自画像'"为题，向班主任介绍自己，让他更好地了解你。请写清楚你的外貌有什么特点，你的主要性格特点是什么，你最大的爱好和特长是什么，其他你想介绍的自己的情况，可以用什么事例来说明。			
习作标准	序号	评价内容	自评	互评
	1	能抓住主要特点介绍清楚自己的外貌特征,特征突出。		
	2	能抓住自己的主要爱好和性格特点来描写，用上典型事例，语言生动形象。		

3	能正确使用和书写标点符号，语句通顺，恰当运用修辞方法。结构完整。		
4	书写工整，字数不少于400字，错别字不超过3个。		

修改建议（或值得赞赏的地方）

小学语文部编教材四下第八单元

习作题目	《故事新编》		
习作要求	2018年8月，《科学报告》杂志刊登了一项研究成果。据称，龟兔赛跑中，若用它们一生的运动量来衡量，乌龟作为一种很有耐力的动物，肯定会赢得胜利。科学家称，乌龟一生走的公里数，比兔子要多。这段资料会不会在龟兔赛跑故事的创作上给你新的启发？不同的思路会给一个耳熟能详的故事带来不同的结局，如果让你重新编写《龟兔赛跑》你会怎么编呢？发挥你的想象，把你的故事写下来吧！		

习作标准	序号	评价内容	自评	互评
	1	能运用动作、语言、神态等描写让故事和人物生动形象。		
	2	想象力丰富。故事流畅、完整，主旨明确。		
	3	能正确使用和书写标点符号，语句通顺，恰当运用修辞方法。结构完整。		
	4	书写工整，字数不少于400字，错别字不超过3个。		

修改建议（或值得赞赏的地方）

五年级学业质量标准解析
五年级上学期

一、经典诵读能力

1. 国家学业质量标准

重视诵读，借助语气语调、重音节奏等传递汉语声韵之美，在反复朗读中加深对文本内容的理解。

——《义务教育语文课程标准》（2022年版）学业质量

背诵优秀诗文60篇（段），注意通过语调、韵律、节奏等体味作品的内容和情感。阅读诗歌，大体把握诗意，想象诗歌描述的情境，体会作品的情感。受到优秀作品的感染和激励，向往和追求美好的理想。

——《义务教育语文课程标准》（2022年版）学段目标

背诵优秀诗文，分主题梳理自己积累的成语典故，格言警句、对联等语言材料，并尝试运用到日常读写活动中，增强表达效果。

——《义务教育语文课程标准》（2022年版）课程内容

2. 礼轩小学学业质量标准

经过一学期的学习，礼轩学子在诵读方面将做到如下程度：

诵读：正确诵读课内外学到的成语、谚语、格言警句、短小古诗文等，并做到熟读成诵；诵读过程中注意语气、语调、节奏表现对古诗文的理解和感受，获得初步的情感体验，感受语言的优美。

积累：本学期能积累课内古诗文14篇，课后积累格言警句4组，课外古诗文4篇，养成自主积累的习惯；了解作者信息，作品创作背景。

运用：分主题梳理积累的古诗文和格言警句；尝试运用到生活和学习活动中，增强表达效果。

二、整本书阅读能力

1. 国家学业质量标准

阅读整本书，把握文本的主要内容，积极向同学推荐并说明理由。

——《义务教育语文课程标准》（2022 年版）学段目标

阅读表现人与社会的优秀文学作品，走进广阔的文学艺术世界，学习品味作品语言、欣赏艺术形象，复述印象深刻的故事情节，积累多样的情感体验，学习联想与想象，尝试富有创意的表达。

——《义务教育语文课程标准》（2022 年版）课程内容

独立阅读文学作品，在阅读过程中能获取主要内容，用复述等自己擅长的方式呈现对作品内容的理解；能通过创造性复述、表演等方式表达自己对感人情境和形象的理解与审美体验；能发现不同类型文本的语言特点，感受作品表达形式上的不同。

——《义务教育语文课程标准》（2022 年版）学业质量

2. 礼轩小学学业质量标准

①按照任务单深入阅读民间故事，掌握提取主要信息，了解故事主要内容。

②结合关键语句和故事情节，感受民间故事的特点。

③通过故事情节，感受人物形象，表达自己的阅读感受。

④能够创造性地复述故事

附：整本书阅读书目

《中国民间故事》《欧洲民间故事》《非洲民间故事》

三、习作能力

1. 国家学业质量标准

养成留心观察周围事物的习惯，有意识地丰富自己的见闻，珍视个人的独特感受，积累习作素材。

——《义务教育语文课程标准》（2022 年版）学段目标表达与交流第三条

能写简单的记实作文和想象作文，内容具体，感情真实。能根据内容表达的需求，分段表述。

——《义务教育语文课程标准》（2022年版）学段目标 表达与交流第四条

修改自己的习作，并主动与他人交换修改，做到语句通顺，行款正确，书写规范、整洁。根据表达需要，正确使用常用的标点符号。习作要有一定速度。

——《义务教育语文课程标准》（2022年版）学段目标 表达与交流第五条

在生活中积累素材，写简单的记实作文，内容具体、感情真实；写想象作文，想象丰富、生动有趣；能写读书笔记、常见应用文。

——《义务教育语文课程标准》（2022年版）学业质量 第三学段

2.礼轩小学学业质量标准（详见每个单元）

附：写作示例

第一单元写作

习作题目：

《我的心爱之物》

习作要求：

每个人都有自己特别钟爱的东西，像琦君笔下的故乡的桂花，冯骥才眼中可爱的珍珠鸟。你的心爱之物又是什么呢？是你最爱的玩具小熊，还是你亲手制作的陶罐？是你养了三年的绿毛龟，还是你在海滩上拾到的贝壳？想想你的心爱之物是什么，写写它是什么样子的，为什么会成为你的心爱之物。围绕心爱之物，写出自己的喜爱之情。

习作标准：

<table>
<tr><td colspan="2">序号</td><td>评价内容</td><td>自评</td><td>互评</td></tr>
<tr><td rowspan="4">习作
标准</td><td>1</td><td>能按顺序介绍心爱之物的来历、样子、功能或用法。</td><td></td><td></td></tr>
<tr><td>2</td><td>能够抓住心爱之物的特点，大小、形状、颜色等，具体介绍，写出它成为心爱之物的原因。</td><td></td><td></td></tr>
<tr><td>3</td><td>说说与物品之间的故事，展开恰当的联想与想象，运用恰当表达情感的方法，表达对心爱之物的喜爱。</td><td></td><td></td></tr>
<tr><td>4</td><td>书写工整、语句通顺，字数不少于400字。</td><td></td><td></td></tr>
<tr><td colspan="5">修改建议（或最值得夸赞的地方）</td></tr>
</table>

第二单元写作

习作题目：

《“漫画”老师》

习作要求：

你喜欢看漫画吗？漫画里的人特点非常突出，配上独特的画风和夸张的情节，往往能给我们留下深刻的印象。如果要给一位老师画漫画，你会选择谁呢？是总爱穿裙子，说话像连珠炮的语文老师？是整天笑眯眯，走路像一阵风的数学老师？还是上课时“怪招”迭出，课后和同学们打成一片的体育老师？让我们把这些可爱的老师用文字“画”出来吧！先想想你的老师在外貌、性格、喜好等方面有什么突出的特点，再选择一两件能突出其特点的事情来写。题目自拟。写完后，可以读给你写的老师听，问问他对你的习作有什么意见或建议。

习作标准：

	序号	评价内容	自评	互评
习作标准	1	能按照一定的顺序把与有关老师的事情写清楚，能够抓住老师的特点，着眼于最突出的一两处进行放大来写，让人印象深刻。		
	2	运用恰当的描写方法，通过对老师的语言、动作、语言神态的描写，把老师的特点写清楚。		
	3	通过描写表达出自己的真情实感。		
	4	书写工整、语句通顺，字数不少于400字。		
	修改建议（或最值得夸赞的地方）			

第三单元写作

习作题目：

《缩写故事》

习作要求：

当你读到一个比较长的好故事，想把这个故事简要地介绍给别人，就需要缩写故事内容，利用摘录、删减和概括、改写的方法，让它变得短一些，简单一些。请缩写《猎人海力布》，把课文缩写成一个简单的故事，也可以选择其他的民间故事进行缩写。缩写完成后，与原文比较一下，看看故事是否完整，情节是否连贯，语句是否通顺。题目自拟。

习作标准：

	序号	评价内容	自评	互评
习作标准	1	选择自己喜欢的一个民间故事，整体把握原文内容，按照一定的顺序，理清思路和结构。		
	2	能抓住文章的主要内容，理清主次情节和关键情节进行适当删减，做到保留主要内容，意思准确完整。		
	3	能把故事缩写得语言简练，内容简洁而重点突出。		
	4	书写工整、语句通顺，300字左右。		
	修改建议（或最值得夸赞的地方）			

第四单元写作

习作题目：

《二十年后的家乡》

习作要求：

每个人都有自己的家乡，那是我们成长的地方。二十年后我们的家乡会是什么样的呢？让我们来一次时空穿越，到二十年后的家乡去看看。

首先要大胆想象，二十年后的家乡会发生什么巨变。如，环境有什么变化？人们的工作、生活有什么变化？参照下面的例子，把想象到的场景或者事件梳理一下，列一个习作提纲，明确自己要写什么，从哪些方面来写。按照自己编写的习作提纲，分段叙述，把重点部分写具体。

习作标准：

	序号	评价内容	自评	互评
习作标准	1	侧重"变化"大胆想象二十年后的家乡的样子，梳理想象到的场景，按顺序、事件列出习作提纲。		
	2	按照一定的顺序，可以是观察顺序，也可以是地点转换顺序，写出你所看到的、听到的、想到的20年后的家乡。		
	3	明确主题，分段叙述，把重点部分写具体，用上对比等恰当写作方法，写出对家乡的热爱之情。		
	4	书写工整、语句通顺，字数不少于400字。		
修改建议（或最值得夸赞的地方）				

第五单元写作

习作题目：

《介绍一种事物》

习作要求：

同学们，如果要选择一种你了解并感兴趣的事物介绍给别人，你打算介绍什么？下面表格中的提示和题目对你是否有启发？

与动物有关	恐龙	袋鼠的自述	动物的尾巴
与植物有关	菊花	热带植物大观园	种子的旅行
与物品有关	灯	扫地机器人	溜溜球的玩法
与美食有关	涮羊肉	怎样泡酸菜	我的美食地图
其他感兴趣的内容	火星的秘密	草原旅游指南	中国传统吉祥物

　　可以选择表格中的题目，也可以自拟题目，介绍一种事物。写之前，细致观察要写的事物，并搜集相关资料。进一步了解这个事物，想清楚从哪几方面来介绍。写的时候注意以下几点：写清楚事物的主要特点。试着用上恰当的说明方法。可以分段介绍事物的不同方面。写好后，与同学交流分享。如果别人对你介绍的事物产生了兴趣，获得了相关知识，你就完成了一次成功的习作。

　　习作标准：

	序号	评价内容	自评	互评
习作标准	1	选择一种你了解并感兴趣的事物介绍给别人，合理安排说明顺序。		
	2	通过观察和搜集资料，并对资料进行整理运用，从不同方面介绍写清楚事物的主要特点。		
	3	能够运用恰当的说明方法，突出介绍事物的特点。		
	4	书写工整、语句通顺，字数不少于400字。		
	修改建议（或最值得夸赞的地方）			

第六单元写作

　　习作题目：

　　《我想对您说》

　　习作要求：

　　生活中，我们会有很多心声想对别人倾诉：告诉爸爸妈妈对某个问题的不同看法，跟朋友诉说自己成长中的点滴烦恼，向为社会作出贡献的人表达敬佩之情……此刻，你想对谁倾诉，想要说些什么呢？选择倾诉对象，把你心里想说的话写下来。把你对他们想说的话写成一封信，用恰当的语言表达自己的心里话，让他们了解你的想法，体会到你的感情。

习作标准：

	序号	评价内容	自评	互评
习作标准	1	能够按书信的格式来写，要有开头称呼、问候语、正文、祝福语、署名和日期，选择倾诉对象。		
	2	通过具体事例的描写表达感情，提出不同见解或提出自己的建议。		
	3	运用恰当的描写方法，把自己的感情融入事件中，做到情真意切。		
	4	书写工整、语句通顺，字数不少于400字。		
修改建议（或最值得夸赞的地方）				

第七单元写作

习作题目：

《××即景》

习作要求：

朝阳喷薄而出，夕阳缓西沉；林中百鸟争鸣，园中鲜花怒。大自然的变化让我们感受到世界的奇妙和关好。观察一种自然现象或一处自然景观，重点观察景物的变化，写下观察所得。根据自己的观察对象，把题目补充完整，如"雨中即景""日落即景""田野即景""窗外即景"……

写的时候注意以下几点：按照一定的顺序描写景物。如，写窗外即景，可以按空间顺序，由近及远地写一写窗外的景物。注意写出景物的动态变化，使画面更加鲜活，如，写日落即景，可以写一写太阳落下时形状的变化以及夕照下景物色彩的变化。开始吧！期待你笔下的美丽景色。

习作标准：

	序号	评价内容	自评	互评
习作标准	1	通过观察景物变化，写下观察所得，能按方位顺序，由近及远，由远及近，由上而下，由下而上，由里到外，由外到里，或由中间到四周等有顺序地描写，要主次分明，详略得当。		
	2	能够描述景物的形态、色彩、大小及动态变化，展开联想，写出景物的动态变化过程。		
	3	能运用恰当的词语和比喻、拟人等修辞手法，突出景物的特点，写出自己的感受，做到有景有情，使描写出的景物深深地感染读者，给人美好的感受。		
	4	书写工整、语句通顺，字数不少于400字。		
修改建议（或最值得夸赞的地方）				

第八单元写作

习作题目：

《推荐一本书》

习作要求：

读一本好书如同交一个好朋友。把读过的好书推荐给同学，就像把好朋友介绍给他们一样。推荐的时候，要介绍这本书的书名、作者、出版社等基本信息。重点写推荐这本书的理由，如：内容新奇有趣，语言优美生动，情节曲折离奇，人物个性鲜明，思想给人启迪。写的时候注意以下几点：推荐理由可以只写一点，也可以写几点。注意分段写。把重要的理由写具体。如果你推荐的是一本小说，可以结合书中的相关情节、人物、对话或插图等来说明你的理由；如果你推荐的是一本科普读物，可以说说你获取到哪些有趣的知识或独特的想法。另外，你还可以转述或摘录书中的精彩片段，引用别人对这本书的评价。写好后，把自己的习作读给同学听。大家交流一下，看谁的推荐能够激发起其他人阅读的兴趣。

习作标准：

	序号	评价内容	自评	互评
习作标准	1	把自己读的好书，推荐给同学、朋友，简要概括书的内容，能介绍这本书的书名、作者、出版社等基本信息。		
	2	能重点写出推荐这本书理由，分段叙述描写具体，可以用书中的相关内容和细节充分证明你的理由。		
	3	能够联系实际，运用对比，说出自己的阅读收获，表达出自己的真情实感。		
	4	书写工整、语句通顺，字数不少于400字。		
	修改建议（或最值得夸赞的地方）			

五年级下学期

一、经典诵读能力

1.国家学业质量标准

重视诵读，借助语气语调、重音节奏等传递汉语声韵之美，在反复朗读中加深对文本内容的理解。

————《义务教育语文课程标准》（2022年版）学业质量

背诵优秀诗文60篇（段），注意通过语调、韵律、节奏等体味作品的内容和情感。阅读诗歌，大体把握诗意，想象诗歌描述的情境，体会作品的情感。受到优秀作品的感染和激励，向往和追求美好的理想。

————《义务教育语文课程标准》（2022年版）学段目标

背诵优秀诗文，分主题梳理自己积累的成语典故、格言警句、对联等语言材料，并尝试运用到日常读写活动中，增强表达效果。

————《义务教育语文课程标准》（2022年版）课程内容

2.礼轩小学学业质量标准

经过一学期的学习，礼轩学子在诵读方面将做到如下程度：

诵读：正确诵读课内外学到的成语、谚语、格言警句、短小古诗文等，并做到熟读成诵；诵读过程中注意语气、语调、节奏表现对古诗文的理解和感受，获得初步的情感体验，感受语言的优美。

积累：本学期能积累课内古诗文13篇，课后积累格言警句2组，课外古诗文2篇，养成自主积累的习惯；了解作者信息，作品创作背景。

运用：分主题梳理积累的古诗文和格言警句；并尝试运用到生活和

学习活动中，增强表达效果；会用自己的理解去评价作品，通过荣誉作业或礼轩讲坛分享自己的观点。

二、整本书阅读能力

1. 国家学业质量标准

阅读整本书，把握文本的主要内容，积极向同学推荐并说明理由。

——《义务教育语文课程标准》（2022 年版）学段目标

阅读文学优秀作品，学习梳理作品的基本内容，针对作品中感兴趣的话题展开交流。

——《义务教育语文课程标准》（2022 年版）课程内容 整本书阅读

独立阅读文学作品，在阅读过程中能获取主要内容，能借助相关的材料，结合作品关键语句评价文本中的主要事件和人物，提出自己的观点和看法。

——《义务教育语文课程标准》（2022 年版）学业质量

2. 礼轩小学学业质量标准

①按照任务单深入阅读整本书，掌握提取主要信息，了解主要人物和内容。

②结合关键语句和故事情节，感受故事中的人物形象。

③通过阅读能够针对故事情节和书中人物，表达出自己的观点。

④乐于分享自己的读后收获与感受。

附：整本书阅读书目

《三国演义》《水浒传》《西游记》《红楼梦》

三、习作能力

1. 国家学业质量标准

养成留心观察周围事物的习惯，有意识地丰富自己的见闻，珍视个人的独特感受，积累习作素材。

——《义务教育语文课程标准》（2022 年版）学段目标 表达与交流 第三条

能写简单的记实作文和想象作文，内容具体，感情真实。能根据内容表达的需求，分段表述。

——《义务教育语文课程标准》（2022 年版）学段目标 表达与交流 第四条

修改自己的习作，并主动与他人交换修改，做到语句通顺，行款正确，书写规范、整洁。根据表达需要，正确使用常用的标点符号。习作要有一定速度。

——《义务教育语文课程标准》（2022年版）学段目标 表达与交流第五条

搜集资料、主动梳理，积极运用于不同的习作实践。在生活中积累素材，写简单的记实作文，内容具体、感情真实；写想象作文，想象丰富、生动有趣；能写读书笔记、常见应用文。

——《义务教育语文课程标准》（2022年版）学业质量 第三学段

2.礼轩小学学业质量标准（详见每个单元）

附：写作示例

第一单元写作

习作题目：

《那一刻，我长大了》

习作要求：

翻阅影集、日记……回忆自己成长的历程，有没有某一个时刻、某一件事情让你突然觉得自己长大了？写一件自己成长过程中印象最深的事情，要把事情的经过写清楚，还要把感到自己长大的"那一刻"的情形写具体，记录当时的真实感受。题目自拟。

习作标准：

	序号	评价内容	自评	互评
习作标准	1	选择印象最深的一件事，按一定的顺序把事情的经过写清楚。		
	2	能把感到自己长大了的"那一刻"的情形写具体。		
	3	运用恰当的描写方法，表达出自己的真实感受。		
	4	书写工整、语句通顺，字数不少于400字。		
	修改建议（或最值得夸赞的地方）			

第二单元写作

习作题目：

《XXX》读后感

习作要求：

同学们，我们读过一篇文章或一本书，往往会有自己的感想。有时一些人物会给你留下很深的印象，有时一些情形会让你受到触动，有时文字中蕴含的道理会让你深受启发，把读一篇文章或一本书后的感想写下来，就是读后感。

选择你读过的一篇文章或一本书，写一篇读后感。先简单介绍一下文章或书的内容，可以重点介绍印象深刻的部分。再选择一两处你感触最深的内容，写出自己的感想，感想要真实、具体。可以联系自己的阅读积累和生活经验，也可以引用原文中的个别词句。

题目可以是"读《XXX》有感"或"《XXX》读后感"，也可以将它作为副标题，再自拟题目。

习作标准：

	序号	评价内容	自评	互评
习作标准	1	选择自己读过的一篇文章或一本书，简单介绍文章或书的内容，把印象最深的内容重点介绍。		
	2	写出自己的感想，感情要真实、具体。		
	3	联系自己的阅读积累和生活经验，也可以引用原文中的语句。		
	4	书写工整、语句通顺，400字左右。		

第四单元写作

习作题目：

《他____了》

习作要求：

同学们，生活中，谁陶醉、生气、伤心……的样子让你印象深刻？

回想一下，当时发生了什么事？事情的前因后果是什么？把这件事情写下来吧，特别要把这个人当时的表现写具体，反映出他的内心。

把题目补充完整，如"他陶醉了""他生气了""她伤心了"……

习作标准：

	序号	评价内容	自评	互评
习作标准	1	选择的事例要具有典型性，能体现出人物性格特点。		
	2	按一定的顺序把事情的经过写清楚。		
	3	运用动作、语言、神态描写，来反映人物的内心，把人物当时的表现写具体。		
	4	书写工整、语句通顺，字数不少于400字。		
修改建议（或最值得夸赞的地方）				

第五单元写作

习作题目：

《形形色色的人》

习作要求：

我们每天都会接触到形形色色的人：小区里锻炼身体的爷爷奶奶，学校里的老师、同学，还有上学时遇到的公交车司机、维持秩序的交通警察……选择一个人写下来，运用学过的描写人物的方法，具体地表现人物的特点。题目自拟。

习作标准：

	序号	评价内容	自评	互评
习作标准	1	能够按一定的顺序把事情的经过写清楚。		
	2	选取最典型的事例来表现人物的特点。		
	3	运用人物的外貌、神态、动作、语言、心理活动等描写人物的方法，把人物的特点写具体。		
	4	书写工整、语句通顺，字数不少于400字。		
修改建议（或最值得夸赞的地方）				

第六单元写作

习作题目：

《神奇的探险之旅》

习作要求：

嗨！你喜欢探险吗？你读过有关探险的书吗？这次习作就让我们编一个惊险刺激的探险故事吧。你希望和谁一同去探险？从下面两列人物中各选一个，和你一起组成一支探险小队。

人物	
经验丰富的探险爱好者	好奇心强、性格活泼的妹妹
知识渊博的生物学家	胆子大但行事鲁莽的表哥
见多识广的向导	心细而胆小的同学

你想去哪探险？打算带上哪些装备？可能会遇到什么险情？下面的提示供你参考：

场景	装备	险情
茫茫大漠、热带雨林、海中荒岛、幽深洞穴、南极冰川……	指南针、地图、饮用水、食物、药品、帐篷……	遭遇猛兽、暴雨来袭、突发疾病、断水断粮、落石雪崩……

准备好了吗？快开始我们的探险之旅吧！

写的时候要展开丰富合理的想象，把遇到的困境、求生的方法写具体，如果能把心情的变化写出来就更好了。题目自拟。

习作标准：

	序号	评价内容	自评	互评
习作标准	1	按一定的顺序把探险的经过写清楚。		
	2	能根据自己选择的场景，展开丰富合理的想象，把遇到的困境、求生的方法、曲折的过程写具体。		
	3	运用恰当的描写方法，尽量把心情的变化融入其中。		
	4	书写工整、语句通顺，字数不少于400字。		
	修改建议（或最值得夸赞的地方）			

第七单元写作

习作题目：

《中国的世界文化遗产》

习作要求：

你游览过宏伟的北京故宫吗？你知道美丽的敦煌莫高窟吗？你对秦始皇陵兵马俑感兴趣吗？这些令中国人骄傲的世界文化遗产，凝结着我们祖先的汗水和智慧。

从中国的世界文化遗产中，选择一处你感兴趣的介绍给别人。题目自拟。

搜集资料：有目的地搜集相关资料如历史背景、基本状况。
把资料来源记录下来。

整理资料：根据要介绍的内容分类整理资料，筛选资料，剔除无关信息。

撰写：将整理后的资料用自己的话写下来，也可以引入别人的话，但要注明资料来源。
可以使用图片、表格等辅助形式。

习作标准：

	序号	评价内容	自评	互评
习作标准	1	能整理有关中国的世界文化遗产的材料并用自己的话写下来，能够按一定的顺序来介绍。		
	2	依据它的特点、历史价值、相关故事分清主次，把它形象地展现出来，并把独到的地方写清楚。		
	3	条理清楚，表达出自己的真实感受。		
	4	书写工整、语句通顺，字数不少于400字。		
	修改建议（或最值得夸赞的地方）			

第八单元写作

习作题目：

《漫画的启示》

习作要求：

你喜欢看漫画吗？漫画不仅有趣，还意味深长，能引发我们的思考。
你能读懂下面这两幅漫画吗？从中获得了什么启示？

图一 "你干什么？" "等着乘凉。"

图二 待业啄木鸟

这次习作让我们写一写从漫画中获得的启示。可以从上面两幅漫画
中选择一幅来写，也可以写其他的漫画。写时要注意以下几点：

观察：看看漫画画的什么内容。

思考：借助漫画的标题或简单的文字提示，联系生活中的人或事，思考漫画的含义，获得启示。

撰写：先写清楚漫画的内容，再写出自己的思考。

习作标准：

	序号	评价内容	自评	互评
习作标准	1	能简略交代看到的漫画内容及自己的心情、感受。		
	2	适当想象，描写画面，借助文字提示，联系生活中的人或事，思考漫画的含义，写出漫画带给自己的启示。		
	3	联系实际，列举事例，写出自己的思考。		
	4	书写工整、语句通顺，字数不少于 400 字。		
修改建议（或最值得夸赞的地方）				

六年级学业质量标准解析

六年级上学期

一、 经典诵读能力

1.国家学业质量标准

背诵优秀诗文60篇（段），注意通过语调、韵律、节奏等体味作品的内容和情感。阅读诗歌，大体把握诗意，想象诗歌描述的情境，体会作品的情感。受到优秀作品的感染和激励，向往和追求美好的理想。

——《义务教育语文课程标准》（2022年版）学段目标

2.礼轩小学学业质量标准

①能注意语调、韵律和节奏，熟练诵读课内外的优秀诗文，感受汉语音韵之美。

②能把握诗意，想象诗中情境，体会作者的思想感情。

③能将积累的优秀诗文尝试运用到日常生活写作活动中，增强表达效果。

二、 整本书阅读能力

1.国家学业质量标准

阅读整本书，把握文本的主要内容，积极向同学推荐并说明理由。

——《义务教育语文课程标准》（2022年版）学段目标

2.礼轩小学学业质量标准

①按照任务单要求深入阅读并理解整本书。

②能用人物与事件结构图梳理并把握文章主要内容。

③能品味作品中环境描写对刻画人物的重要作用，随时记录自己的阅读体验和感受。

④能乐于分享阅读体会，向同学推荐本书并说明推荐理由。

附：整本书阅读书目

《小英雄雨来》《童年》《爱的教育》

三、习作能力

1. 国家学业质量标准

能写简单的记实作文和想象作文，内容具体，感情真实。能根据内容表达的需求，分段表述。

——《义务教育语文课程标准》（2022 年版）学段目标 表达与交流第四条

修改自己的习作，并主动与他人交换修改，做到语句通顺，行款正确，书写规范、整洁。根据表达需要，正确使用常用的标点符号。习作要有一定速度。

——《义务教育语文课程标准》（2022 年版）学段目标 表达与交流第五条

2. 礼轩小学学业质量评价标准（见各单元习作标准）

附：写作示例

第一单元写作

习作题目：

《变形记》

习作要求：

同学们，礼轩小学六年级"奇思妙想小世界"征文活动开始啦！给你一个机会，让自己变成另外一种事物，会发生什么呢？你可以变得很大，如一头大象、一个星球；也可以变得很小，如一只蚂蚁，一粒石子。请你转换思维与视角来构思情节，发挥想象，把你"变形"后的经历写下来吧！写完后读给同学听，快来秀出你的奇思妙想吧！从下面题目中选一个来写你的故事，也可以自拟有趣的题目哦!

1. 地球自述　　2. 我是一条幸福的蚯蚓　　3. 飘在天上的日子　　4. 夜晚，一棵大树下的故事　……

习作标准:

	序号	评价内容	自评	互评
习作标准	1	能发挥想象，写出变形后的一般经历和特殊事件。		
	2	能把重点部分写清楚。		
	3	能引起读者兴趣，立意深刻，主题突出。		
	4	乐于分享习作，能坚持认真修改习作，书写工整、语句通顺，字数不少于450字。		
修改建议（或最值得夸赞的地方）				

第二单元写作

习作题目:

《多彩的活动》

习作要求:

"祖国在我心中"朗诵会、学校运动会、升旗仪式、"六一"儿童节演出……这些校内外的活动你参加过哪些? 让我们用语言记录精彩生活，选一次印象最深刻的活动写下来，和同学分享你的经历。

习作标准:

	序号	评价内容	自评	互评
习作标准	1	能写清楚活动过程，重点突出。		
	2	能运用场面描写的方法，点面结合，既有整个场面的描写，又能写出同学们的动作、语言、神态。		
	3	能写出活动中的体会。		
	4	乐于分享习作，坚持修改习作。书写工整、语句通顺，字数不少于450字。		
修改建议（或最值得夸赞的地方）				

第三单元写作

习作题目：

《_____让生活更美好》

习作要求：

同学们，班里近期将开展"共享美好生活分享交流会"。新时代，我们的国家发展日新月异。从我们居住的城市到家庭、学校，我们的生活越来越美好。高架，让我们出行更加便利；旅行，让我们欣赏了不一样的风景；阅读，让我们收获更多的知识；音乐，让我们身心愉悦；诚信，让我们的心靠得更近……想一想，是什么让你的生活更美好，把你最想表达的感受写下来，分享给自己的朋友、伙伴，相互交流，一起成长。

习作标准：

	序号	评价内容	自评	互评
习作标准	1	能选择"让生活更美好"的具体事例，并把事例写清楚。		
	2	能写出"让生活美好"的原因或把对自己生活的影响写具体。		
	3	能表达自己的看法，有真情实感。		
	4	乐于分享习作，坚持修改习作。书写工整、语句通顺，字数不少于450字。		
	修改建议（或最值得夸赞的地方）			

第四单元写作

习作题目：

《笔尖流出的故事》

习作要求：

同学们，礼轩小学六年级"生活故事创编大赛"就要开始了！虚构的故事往往情节曲折，人物形象鲜明，读起来很吸引人。这次习作要求我们围绕一定的环境和人物，展开想象创编故事。你可以根据单元习作题目中提供的三组环境和人物来创编故事，也可以自己创设一组环境和

213

人物来创编故事，来参加"生活故事创编大赛"吧，一起来说说你最喜欢的故事！

习作标准：

	序号	评价内容	自评	互评
习作 标准	1	能写清楚故事发生的时间、地点、人物和具体的事件，能把故事写完整。		
	2	能围绕主要人物展开丰富的想象，能借助环境描写、人物的心理活动表现人物形象。情节吸引人。		
	3	乐于分享习作，坚持修改习作。书写工整、语句通顺，字数不少于450字。		
	修改建议（或最值得夸赞的地方）			

第五单元写作

习作题目：

《围绕中心意思写》

习作要求：

点赞汉字。每个汉字都有着丰富的文化内涵，承载着独特的文化意义。请你从"甜、乐、累、暖、悔、望、迷、妙、变、忙、寻、让"这12个汉字（或从其他汉字）中选择一个感受最深的汉字写一篇作文。在写作之前，应先确立中心，并列出提纲。围绕所选择的汉字，从不同的方面或选择不同的事例来写，写出你对这个汉字的真实感受。让我们一起为汉字点赞！

习作标准：

	评价内容	自评	互评
习作 标准	能把中心意思写清楚。能选择典型事例。		
	从不同的方面或选择不同的事例写作，突出中心意思。		
	重点部分写具体。		
	乐于分享习作，坚持修改。书写工整、语句通顺，字数不少于450字。		
	修改建议（或最值得夸赞的地方）		

第六单元写作

习作题目：

《学写倡议书》

习作要求：

同学们，蓝天碧水，鸟语花香，是我们梦寐以求的家园。但是，废气、污水、白色垃圾、重金属侵蚀了这块圣地。我们要用爱心去关注环境变化，用热情去传播环保理念，礼轩小学"我是绿色生态文明建议人"活动就要开始了，如果你有好的想法，希望得到大家的支持并一起去实施，就来写一份倡议书，把倡议书贴在合适的地方，如校园公告栏、小区宣传栏、学校网站等。

习作标准：

	序号	评价内容	自评	互评
习作标准	1	倡议书格式正确。		
	2	能把倡议内容写清楚，分点说明。		
	3	倡议合理具体、有可操作性。		
	4	乐于分享习作，坚持修改习作。书写工整、语句通顺，字数不少于450字。		
修改建议（或最值得夸赞的地方）				

第七单元写作

习作题目：

《我的拿手好戏》

习作要求：

同学们，少先队正在举行"我型我秀"展示活动。请看这是他们的招募启事：

招募启事

各方能人尽显风采。我校电视台将举行我型我秀展示活动，有意向者请于下周五之前上交书面介绍，择优录取。机会难得，请大家踊跃报名，来露一手你的拿手好戏吧。

礼轩少先队大队部

12 月 16 日

你的拿手好戏是什么？怎样练成的？关于拿手好戏有哪些要分享的故事？写下来。写之前，考虑哪些内容可以重点写详细，哪些内容可以写简略？可以学习列提纲的方法，明确写作思路，确定写作重点。十八般武艺，样样是好戏，大胆展示你自己吧！

习作标准：

<table>
<tr><td rowspan="6">习作
标准</td><td>序号</td><td>评价内容</td><td>自评</td><td>互评</td></tr>
<tr><td>1</td><td>能通过具体事例来写"我的拿手好戏"。</td><td></td><td></td></tr>
<tr><td>2</td><td>能把自己的感受、看法写出来，写出真情实感。</td><td></td><td></td></tr>
<tr><td>3</td><td>能通过"我的表现""旁人反应""独特感受"等展示拿手好戏的精彩。</td><td></td><td></td></tr>
<tr><td>4</td><td>乐于分享习作，坚持修改习作。书写工整、语句通顺，字数不少于450字。</td><td></td><td></td></tr>
<tr><td colspan="4">修改建议（或最值得夸赞的地方）</td></tr>
</table>

第八单元写作

习作题目：

《有你真好》

习作要求：

"有你，真好"是一句让人感到温暖的话。凝视着它，那人、那事、那场景……就会慢慢浮现在眼前。拿起笔，向他（她）表达你真挚的情感吧！写的时候，可以假想这个"你"就在眼前，你在用文字和他对话。写完后，读一读，看看是不是把事情写具体了。请你把这篇习作分享给文中的"你"吧。

习作标准：

	序号	评价内容	自评	互评
习作标准	1	能运用典型事例，体现人物性格品质。		
	2	能运用场景、人物描写的方法，把事例写具体。		
	3	能充分表达真情实感。		
	4	乐于分享习作，坚持修改习作。书写工整、语句通顺，字数不少于450字。		
	修改建议（或最值得夸赞的地方）			

六年级下学期

一、经典诵读能力

1. 国家学业质量标准

背诵优秀诗文 60 篇（段），注意通过语调、韵律、节奏等体味作品的内容和情感。阅读诗歌，大体把握诗意，想象诗歌描述的情境，体会作品的情感。受到优秀作品的感染和激励，向往和追求美好的理想。

——《义务教育语文课程标准》（2022 年版）学段目标

2. 礼轩小学学业质量标准

①能注意语调、韵律和节奏，熟练诵读课内外的优秀诗文，感受汉语音韵之美。

②能把握诗意，想象诗中情境，体会作者的思想感情。

③能将积累的优秀诗文尝试运用到日常生活写作活动中，增强表达效果。

④能分主题梳理自己积累的成语典故、格言警句、优秀古诗文等语言材料，感受中华优秀传统文化源远流长。

二、整本书阅读能力

1. 国家学业质量标准

阅读整本书，把握文本的主要内容，积极向同学推荐并说明理由。

——《义务教育语文课程标准》（2022 年版）学段目标

能借助与文本相关的材料，结合作品关键语句评价文本中的主要事件和人物，提出自己的观点或看法；积极向他人推荐，并有条理地说明推荐理由。

——《义务教育语文课程标准》（2022 年版）学业质量标准

梳理、反思小学阶段的阅读生活，运用口头或书面方式，与同学分享自己整本书阅读的经历、体会和阅读方法。

——《义务教育语文课程标准》（2022年版）整本书阅读

2.礼轩小学学业质量评价标准

①按照任务单的要求深入阅读整本书。

②能借助图谱梳理人物关系和主要情节，把握整本书的梗概。

③能结合关键语句就书中印象深刻的人物和故事情节进行交流，并能够品析人物形象的多面性。

④能用圈点、批注等多种方法记录自己的阅读感受与体验，积极与他人分享。

⑤能结合全书结构和内容，向他人推荐并有条理地说明推荐理由。

附：整本书阅读书目

《鲁宾逊漂流记》《尼尔斯骑鹅旅行记》《汤姆索亚历险记》

三、习作能力

1.国家学业质量标准

在活动中积累素材，写简单的记实作文，内容具体，感情真实，写想象作文，想象丰富，生动有趣，能写读书笔记、常见应用文。

——《义务教育语文课程标准》（2022年版）学业质量第三学段

修改自己的习作，并主动与他人交换修改，做到语句通顺，行款正确，书写规范整洁。根据表达需要正确使用常用的标点符号。

——《义务教育语文课程标准》（2022年版）学段要求第三学段

2.礼选小学学业质量评价标准（见各单元习作标准）

附：写作示例

第一单元写作

习作题目：

《家乡的风俗》

习作要求：

同学们，"离家三里远，别是一乡风"。请你介绍一种风俗，或者写一写你参加一次风俗活动的经历，可以分成几个方面介绍，在介绍的时候可以适当写出自己对这种风俗的实际体验，写后和同学们交流，并修改和完善，然后编成全班民俗作品集。

习作标准：

	序号	评价内容	自评	互评
习作标准	1	能从不同方面介绍自己家乡的风俗。		
	2	能分清主次，详略得当，同时写出家乡风俗的特点。		
	3	介绍时能结合自身经历，写出自己的实际体验，表达对家乡风俗的喜爱。		
	4	书写工整、语句通顺，字数不少于450字。		
	修改建议（或最值得夸赞的地方）			

第二单元写作

习作题目：

《写作品梗概》

习作要求：

当我们在用文字向别人介绍一本书、一部影视作品时，常常会用到写梗概的方法。写作品的梗概，就是把一本书或一部影视作品的主要内容用简练的语言写下来。请你选择最近读的一本书或者看过的一部影视作品写一写它的梗概，写完以后读给同学们听一听。

习作标准：

	序号	评价内容	自评	互评
习作标准	1	能按一定顺序、简洁地提炼重要情节中的重点内容，不遗漏重要情节。		
	2	能用简明的叙述性语言概括，连贯通顺。		
	3	能保留作品的原意，让别人听明白。		
	4	书写工整、语句通顺，字数不少于450字。		
	修改建议（或最值得夸赞的地方）			

第三单元写作

习作题目：

《让真情自然流露》

习作要求：

生活中经历的一切，都会带给我们各种各样的体验，比如，感动、欣喜若狂、激动、难忘、悔恨等。你有过这样的感受吗？是什么事情让你产生了这样的感受？选一种你印象最深的感受，先回顾事情的经过，回忆当时的心情，然后理清思路写下来。写的时候，把印象深刻的内容写具体，把情感真实自然地表达出来。如果在事情发展的过程中，情感有所变化，要把情感的变化也写清楚。写完后，和同桌交换读，互相说说哪些地方较好地表达了真情实感。

习作标准：

	序号	评价内容	自评	互评
习作标准	1	能选择印象深刻的事情，写清楚事情的前因后果及过程。		
	2	能运用丰富的细节描写（语言、动作、神态、心理）、景物描写等，写出自己的情感变化，表达出自己的真情实感。		
	3	书写工整、语句通顺，字数不少于450字。		
	修改建议（或最值得夸赞的地方）			

第四单元写作

习作题目：

《心愿》

习作要求：

心愿，就像一颗刚刚发芽的种子，播种在心的土壤里，尽管渺小，却终将开出美丽的花朵。你的心底埋藏着哪些心愿呢？选择你最想和别人交流的心愿写下来，写之前想一想，选择什么样的材料能更好地表达你的心愿。再根据想表达的内容，选择一种合适的表达方式。写好后认真读一读，用修改符号修改不满意的地方，使语言更加通顺、流畅，意思更加清楚、明白。

习作标准：

	序号	评价内容	自评	互评
习作标准	1	能选择恰当的表达方式，把自己的心愿表达清楚。		
	2	中心明确，能围绕心愿，用具体事例详细介绍心愿产生的原因及为愿望的实现所做的努力。		
	3	书写工整、语句通顺，字数不少于450字。		
修改建议（或最值得夸赞的地方）				

第五单元写作

习作题目：

《插上想象的翅膀飞》

习作要求：

想象一下，如果你的大脑能直接从书上拷贝知识，如果你拥有一个背包飞行器，如果你用时光机穿越时空回到恐龙时代，你会做些什么？让我们写一个科幻故事，将头脑中天马行空的想象记录下来。

习作标准：

	序号	评价内容	自评	互评
习作标准	1	能基于现实，发挥大胆的想象。		
	2	故事情节生动曲折。		
	3	能合理运用丰富的细节描写或修辞手法，突出科幻世界的神奇。		
	4	书写工整、语句通顺，字数不少于450字。		
修改建议（或最值得夸赞的地方）				

第六单元写作

习作题目：

《难忘小学生活》

习作要求：

六年的小学生活即将过去，我们从天真烂漫的幼儿成长为身心健壮的少年。在这六年中，发生过很多令人难忘、激动、喜悦或是伤心的事情。不久以后，我们就要告别美丽的校园，告别朝夕相处的老师和同学，带着依依不舍的心情，跨入新的学校，开始新的生活。临近毕业之际，让我们围绕"难忘小学生活"这个主题，给你的老师、同学、母校写一封信，以此来记录下美好的小学生活吧。

习作标准：

	序号	评价内容	自评	互评
习作标准	1	书信格式正确。		
	2	能结合具体事例，详细介绍难忘的原因。		
	3	能表达出自己的真情实感。		
	4	书写工整、语句通顺，字数不少于450字。		
	修改建议（或最值得夸赞的地方）			